ニ様？」な日本語

樋口裕一

青春新書
INTELLIGENCE

はじめに

最近、「この人は何様のつもりか?」と感じる発言を耳にした経験はないだろうか。**「課長、頑張ってください。期待しています」**と上司を激励する若手社員がいる。言った当人に悪気はない。むしろ、ほめ言葉のつもりだ。ところが、「期待」や「励まし」は基本的に目上の者には使わないから、上から目線にとられてしまう。

「近くに来たついでに御社まで寄らせていただきます」という営業マンもいると聞く。「わざわざ訪問すると告げると恐縮されるから」と客先に気を遣ったはずが、聞きようによっては、「うちの会社はついでなんですね」と受け取られかねない。知らず知らずのうちに相手の顰蹙《ひんしゅく》を買う結果となってしまうだろう。

「Aさんは**使えない**」「Bさんは**終わっている**」と人を評価する表現を口ぐせのように使う人もいるだろう。

これは、ブログやツイッターの流行と関係があるのかもしれない。今は誰もが情報を発信でき、気軽に「批評家」や「コメンテーター」になれる時代だ。気になる記事やニュースのコメントをするうちに、リアルな人間関係に対しても批評や批判をしてしまう。自然と「何様」発言が身についてしまうのかもしれない。自分の立場がわかっていなかったり、見識のなさが透けて見えれば、「何をエラそうに」と思われてしまう。

もちろん、「意見」や「批評」をすること自体は悪いことではないが、論理が稚拙であったり、感情的なケースが多いのだ。

こうした「何様」発言が怖いのは、ついうっかり**「何様」言葉を使っていると、行動まで が「何様」化する**ことだ。

けっして当人の性格は傲慢なわけではないのに、見た目の「何様」度が上がってしまう。その結果、相手の反感を買いやすくなる。上司の理解や部下からの人望は得られにくいだろう。職場の仲間からは煙たがられるかもしれない。

逆に言えば、「何様」言葉を意識的に使わない人は、そのような危険を逃れられる。「何様?」というフィルターで見られないから、正しく評価してもらいやすい。

そこで、まずは世の中にはどんな「何様」な言葉があるか知っておくことだ。「何様」言葉のタイプを知り、「相手にはこう聞こえる」と気づけば、自分でも「何様」言葉を言わなくなるだろう。

「何様」言葉を多用していた人は、それを封印すれば、行動にも「何様」感が消える。そのときから、自分も、自分のまわりの人間関係もギスギスしなくなり、仕事も人生も、より良好なものになるはずだ。そして、きっとこれまでと違って正当な評価を受けることになるだろう。そう願ってやまない。

樋口　裕一

「ナニ様？」な日本語――目次

第1章

職場の同僚がカチンとくる「ナニ様？」な日本語

第2章

顧客や取引先が離れていく「ナニ様?」な日本語

第3章 上司が呆れる「ナニ様？・」な日本語

第4章 部下がやる気をなくす「ナニ様？・」な日本語

第5章

人間関係がギクシャクする「ナニ様？」な日本語

第6章　使うとエラそうに見える「ナニ様?」な日本語

編集協力　今井順子
本文ＤＴＰ　センターメディア

第1章

職場の同僚がカチンとくる「ナニ様?」な日本語

「使えない」

！人を評価する基準を間違えていないか？

「あいつは使えない」は、上司がつい口にしてしまう言葉だ。部下が思うように働いてくれないとき、つい使いたくなる。品のいい言葉ではないが、使いたくなる気持ちは理解できる。上司が仲間うちで部下の仕事についてグチるときに使うのは、問題ないだろう。ただ、それを越えて使うと、何様言葉になってくる。

たとえば、職場の仲間を名指しして「あいつは使えない」と言ったのでは、グチにはならない。周囲は、傲慢極まりなく映る。あるいは、社内で、取引先を名指しして「使えないんだよ」とこぼしても、同じだ。「そういうお前は何なんだ」と思われる。

本人としては、きつめの冗談で言ったのかもしれない。誰からも「ダメ社員」とレッテルを貼られている同僚や取引先をあげつらうことで、相手との親近感を深めるつもりだろう。

だがこれを聞いた人が、こちらの思惑どおり親近感を持ってくれるとは限らない。むしろ、このようなセリフを口にする人に対し、嫌悪感を抱くことも少なくない。

「あいつは使えない」という言葉が問題なのは、一つには相手を「物」扱いしていることだ。

「使える」「使えない」は、基本的に物に対して使う言葉だ。「このパソコンソフトは発想が古くて使えない」「今度買ったカバンは、使い勝手がいい」といった具合だ。**「あいつは使えない」は、相手をたんなる「機能」や「物」としか見ていないことを意味する。**仕事の仲間やパートナーである同僚や取引先にそのような言葉を使うことに対し、聞く側は話し手の傲慢さや冷たさを感じるのだ。

もちろん、「そういうお前はどうなんだ?」という問題もある。人間、他人への評価は厳しく、自分への評価は甘くなりやすい。「あいつは使えない」といった当人の能力が、他人から見て似たりよったりということは往々にしてある。それなのに「あいつは使えない」と言うことで、「お前もそうじゃないか」という厳しい評価の目を自分に向けさせることにもなるのだ。

「行ってもいいです」

！その恩着せがましい言い方は何？

仲間内の会合に誘われたときなど、「行ってもいいよ」、あるいは「行けたら行きます」と返事する者がいる。

当人とすれば、ガツガツしたイメージを出したくない。スマートに言ったつもりかもしれない。あるいは、行けるかどうかわからないが、できるだけ行くという意思表示の場合もあるだろう。

いずれにせよ、言った本人には悪気はないのだが、受け取る側にすれば、「何様」な言葉と受けとられることも多い。そこに、恩着せがましい響きがあるからだ。

「行ってもいい」「行けたら行く」からは、積極的には行きたくないのだが、声を掛けてくれた人の顔を立ててやろう、行ってやってもいいか、という態度を感じ取ってしまう。言われたほうは、貸しを押しつけられた気分になってくる。

恩に着せられる、つまり借りをつくるということは、そこに上下関係が生まれやすくな

る。たとえ同僚であっても、貸しをつくったほうが上で、借りをつくったほうは下になる。つまり、**「行ってもいいよ」と言われた瞬間から、言われた側はその人物から見下されたような気になり、「何様」と思ってしまう。**

この効果を、わざと狙う人もいる。行っても行かなくてもいいような会議に同僚から誘われたときなど、「行ってもいいですよ」、あるいは「行けたら行きます」と言う人はけっこういる。わざとこう言うことで、自分を上位に立たせようとしているわけだ。

もちろん、同僚の関係に上と下はない。あえて上位に立とうとする人は、うぬぼれの強い人と見られることになる。

仲間内の会合なら、「ＯＫです」「行きます」とシンプルに答えれば十分だ。行けるかどうかわからないときも、まずは「行きます」と答える。そのあと、「もしかしたら、都合が悪くなることがあるかもしれないが、なんとかする」とつづける。

断るなら、「今回はごめん。次回はかならず行くから」とフォローするのが望ましい。

「大丈夫、かならず成績が上がるよ」

!根拠のない無責任なことを言うな

成績が低迷している同僚がいるときなど、「大丈夫、かならず成績は上がるよ」と励ました経験はないだろうか。

当人からすれば、心から相手のことを思ってのことだろう。そして、もちろん、その言葉に勇気づけられる同僚もいるだろう。だが、中には、「何様」とムッとしてしまう同僚もいることを忘れてはならない。

なぜなら、「大丈夫、かならず成績が上がるよ」が、励ましの言葉になっているからだ。**励ますというのは、基本的には上の立場にある者が下の立場にある者に奮起を求めることをいう。いわば上から目線の行為**であり、オフィスでなら、上司が部下に対してする行為だ。部下が上司を励ますのは上下の関係を壊すものであって、「課長、頑張ってください」とは言わない。同僚同士でもそれに変わりはない。

同僚同士は、基本的には平等な関係だ。「かならず、成績が上がるよ」と励ましたのでは、自らを上位に置くようなもので、「人が弱っているところにつけこんで、エラぶりやがって」と思われかねない。

また、「大丈夫、かならず成績が上がるよ」には、根拠がない。根拠もなく成績が上がると言われても、信じられるわけがない。「大丈夫、かならず成績が上がるよ」からは、**根拠なしに断言する傲慢さが見えてしまう。**

それに、成績が上がるだろうと判断するのは、上司の仕事だ。上司は豊富な経験と知識から、部下の成績を予測できる。それなのに、「成績が上がるよ」と言うのは、「俺はお前よりも経験、知見が豊かだから、お前の成績が上がることくらい予測できる」と言っているようなものだ。

もし仕事が思うようにいかず落ち込んでいる同僚がいても、安易に励ましは言わないことだ。それよりも、アイデアを提供したほうがいい。

上から目線にならないように気をつけながら、「いまのやり方のここをちょっと変えればいいんじゃないかな」「ここに時間をかけてみると、やりやすくなるよ」などと言ってみる。それで、その人物の成績が上がるなら、それが最高の援助になる。

「手伝ってあげる」「教えてあげる」

！上から言われてもうれしくないよ

同僚が仕事を抱えて、困っているとき、「その仕事、手伝ってあげようか」と協力を申し出ることがある。あるいは、仕事のやり方がわからないでいる仲間に向かって、「教えてあげようか」と言う場合もある。当人は善意の気持ちから善意の言葉を口にしているつもりだろうが、言われた側は、複雑な気持ちになる。

たしかに、仕事を手伝ってもらう申し出自体はうれしい。あるいは、申し出たのが先輩であったり、ちょっとした上司であれば、ありがたいことだ。問題は、同格の相手や、ふだん自分よりも目下だと思っている人にそのように言われた時だ。

「手伝ってあげようか」は、何様感の強い言葉であり、そのため、言われた側は「じゃあお願い。助かるよ」とは言いにくい。

「～してあげる」は、言うまでもなく、上の者が下の者に何かをしてやるときに使う言葉だ。下の者が無能、無力だから、しかたなく上の者が代わって何かをしてやるというイメージが強い。「手伝ってあげようか」と言われた側は、**自分が無能と見なされたような気になる**。無能な自分の仕事を手伝ってもらえれば、恩も着せられたことになる。言われた側は、それを嫌がっているのだ。

前にも述べたように、恩を着せられるということは、貸し・借りをつくることになる。借りをつくった側は、どうしても貸し側よりも下位に回らざるをえなくなる。仕事を手伝ってもらったあとも、手伝ってくれた同僚相手にはなんとなく下手に回ったほうがいいかという気持ちになり、そこに不満を感じてしまう。

「手伝ってやってもいいよ」も、同じだ。同僚相手ではないが、私の息子は家族相手に「手伝ってやってもいいよ」といった言い方をする。本人は積極的に申し出るのが恥ずかしいのだろうが、やはりエラそうに響く。**「やってもいいよ」からは、自分は本来は関わりたくないけれども、しかたないから、やっているのだという気持ちがあると受け取られる。**

同僚相手に仕事の手伝いの声をかけるなら、「その仕事、手伝おうか」で十分だ。ちょっと距離のある同僚なら、「いま手が空いていますから、手伝いましょうか」と丁寧に言ってもいいだろう。

「お手並み拝見」

！私たちを格下扱いして、批評家きどり？

オフィスでは、ときどき部長クラスが「お手並み拝見といくか」としゃべっていることがある。新しい仕事先の仕事ぶりを観察したいとき、あるいはむずかしい仕事を引き受けてくれた業者の仕事に期待するときなどだ。仕事相手には直接言わず、あとで社内での会話の中でしゃべっている。あるいは、部長が課長に「今度の大仕事、お手並み拝見といったところですね」と声を掛けることもある。

そんなシーンを見ていると、中堅社員も「お手並み拝見」をつい使いたくなるものだ。相手には直接、言わなくても、仲間の談笑なら許されるだろうと考える人もいる。だからといって、仲間内で談笑しているときに、「部長の仕事、お手並み拝見といきましょう」と口を滑らせないことだ。もし言ってしまうと、仲間から「何様」と顰蹙《ひんしゅく》を買う。「お手並み拝見」は、ヒラから中堅社員は使っていい言葉ではない。本人が不在の場でならいいだろう、というものでもない。

「お手並み拝見」というのは、非常に高い立場にある人物のみが語っていい言葉だ。**この言葉には、デンと座って腕組みしながら、下の者らを観察するイメージが強い。しかも、批評家意識が強く感じられる。**その意味では特権的な言葉であり、会社なら一定の地位にいる者のみが使っていい言葉だ。そんな言葉をふつうの社員が使ったのでは、特権意識を持っている奴、特権意識を持ちたがっている奴と思われる。

仕事相手に言うのは、最悪だ。業者に仕事を発注するメールで、「お手並み拝見したく思います」と書いたサラリーマンの話を聞いたことがある。当人は、相手を「できる人」と立てるつもりで「お手並み拝見」と書いたつもりだろう。そこに悪気はなかったのだろうが、受けた側は「何様」と憤然とする。

受けた側はたしかに仕事をもらう立場だから、書いた側よりも下手《したて》に回らざるをえない。それでも「お手並み拝見」とまで言われたのでは、「仕事を発注する側だと思って、いい気になっている」と思ってしまう。できあがった仕事を高い立場から批評させてもらうよといった意識がうっすらと感じられ、これに反発してしまうのだ。

「お手並み拝見」はエラくなってから使う言葉であって、中堅社員であるかぎり、使うのを避けるべき言葉のひとつだ。

「想定内です」

！じゃあ、どんな対策をとっているの？

近年、「想定内」「想定外」という言葉を使う人が増えた。取引先とちょっとしたトラブルがあったとき、「それくらい想定内ですから、大丈夫」と周囲に語る人もいる。さすがに上司相手に「想定内です」と言うのは好ましくないと心得てはいるが、同僚クラスには言ってもいいだろうと思っているのだろう。

本人は、ちょっと知的に聞こえる表現を使ってほんの少し格好をつけただけのつもりかもしれない。

けれども、「それくらい想定内」という言葉は、周囲の者を「お前はいったい何様」とムッとさせているかもしれない。**「想定内」には、自分をことさらに有能視した意識が見えすき、人によってはそれを不満に思うからだ。**

「想定内」と言ったかぎり、いろいろなトラブルをあらかじめ見越して、対策をとっているということだ。取引先とトラブルがあったときでも、トラブルをすぐに解決するための書類、商品、資材などをすでに用意しているということだ。用意があったから、すぐにトラブル解決となれば、「想定内」ですべて終わったことになる。

たしかに想定内で仕事をまとめてみせる人は、優秀だろう。トラブルをすぐに解決してしまう人は、たいていあらかじめ起こりそうなトラブルを読み、解決法を考えている。そんな人が黙ってトラブルを解決するだけで、周囲はその人物を優秀な人と見なす。だが、当人がわざわざ「想定内」と口にすると、それは嫌味にしか聞こえなくなる。

そんな人物が、「想定内」と語ったトラブル解決にもたもたしていると、むしろ笑い物にされることもあるだろう。「なんだ、想定内なんてウソだったじゃないか」と思われる。こうなると「想定内」は、「何様言葉」というより見栄を張っただけのウソということになる。

同僚が「それくらい想定内だよ」と言ったとき、知らぬ顔をしているのもいいが、ときには突っ込みを入れて釘を刺すべきだろう。**「想定内なら、どんな対策をとっているの？」「いつ解決するの？」とでも尋ねておく。**このとき答えられるならまだいいが、返答に窮してしまう人もいる。あるいは、答えどおりには解決できない人もいる。そうなれば、同僚も「想定内」を安易には使わなくなるはずだ。

「あの人、最近、調子に乗ってない？」

！私をあなたの〝陰口仲間〟にするつもり？

職場での会話で、中には陰口を言いたがる者がいる。「Sさんって、最近、ハデじゃない？」「M君って、最近、調子に乗ってない？」などと言って、同調を求めてくる。とりわけ女性の間では、あちこちでこのような陰口が交わされているようだ。だが、もちろん、男性に無関係というわけではない。「あいつ、女性トラブルだってよ」「また、課長にとりいってるみたいだぞ」などという陰口は日常的に交わされているだろう。

相手が陰口を肴《さかな》にして盛り上がろうとしてくれるなら、これは問題ない。他人の悪口を言って楽しむのは、一種の共犯関係を結ぶことだ。お互いに陰口を言い合うことで、仲は親密になる。こうやって陰口を楽しむのは、否定されるものではないだろう。

だが、相手がその陰口に納得しなかったとき、陰口はいきなり「何様言葉」になってしまう。陰口を言った当人とそれほど仲よくなく、陰口の対象になった人物に近い人間の場合、陰口がとんでもなくひどいものに感じられるのだ。

陰口は、たいてい自分を棚に上げてのエラそうな批評だ。しかも、明確な証拠があるわけでもない曖昧な噂話であることが多い。**仲のよい者だからこそ聞いてもらえるのだが、そうでない場合、「いったい何の権利があって、そんなことを言えるの」と思われてしまう。**陰口を叩いた者は、みっともない奴、力もないのに尊大な奴とみなされる。

さらには、陰口を叩いたことが、皆にバラされることもある。「Ｍさんが、Ｓさんをハデって言ってたよ」と、陰口を言われた当人にも告げられかねない。そうなると、オフィスでの人間関係がギスギスしてしまう。

陰口を言いたいのなら、相手を見極めることだ。気の許せる関係なら陰口は許されるが、そうでない関係の場合、「何様」となってしまうことをつねに頭に入れておく必要がある。

また、陰口の同調を求められた側は、ここで肯定か否定をはっきりさせておくべきだ。陰口を言ってきた人物とより仲よくなりたいのなら、ここは共犯関係を結び、陰口で盛り上がっていい。逆に、陰口を言ってきた人と親しくないし、これからも仲よくなりたくないのなら、否定側に回ったほうがいい。**「私は、そうは思いませんよ」「そんな気はしないけど？」と言えば、相手もこれ以上、陰口を叩かない。**

「この職場は和気あいあいとしていて、いいですね」

！我々を「ぬるい」と言いたいわけ？

近年は、転職や異動などで、社員の顔ぶれが次々と変わるオフィスもある。新しい職場の雰囲気にも慣れたころ、ふと口にしてしまうのが、「この職場は和気あいあいとしていて、いいですね」だ。

たしかに、それは本音でもあるだろう。以前の職場は、人間関係がギスギスしていて、気苦労が絶えなかった。福利厚生一つも、貧弱だった。それに比べて、いまの会社はすべてに余裕が感じられ、福利厚生も充実している。そんな本音を漏らしただけかもしれない。むしろ、いいことを言っているつもりかもしれないが、周囲から「俺たちをなめているのか」と冷たい目で見られる場合もある。

「この職場は和気あいあいとしていますね」は、**言葉を換えれば、「この職場はぬるいですね」だ。**「甘いですね」とも言っている。いまの職場が緊張感に欠け、甘ちゃんの集団であると言っているようなものなのだ。こう言われたら、周囲はおもしろかろうはずがない。

それは、いかに自分が苦労してきたかのアピールでもある。自分はこれまで厳しい環境の職場に身を置き、修羅場《しゅらば》を経験してきた。酸《す》いも甘いも経験していて、経験値を上げてきている。いまの職場の人たちの中には、**自分ほどの経験値を持っている人はいないでしょうと自慢しているようなものだ。**

多くの職場を経験してきた人がいれば、そこに反論もできるだろうが、あまり職場を替わったことのない人ばかりならば、反論しようがない。比較の対象を知らないから、「本当にそうなのか」と思いながら、自慢への不満をためこんでしまう。その場はなごやかにおさまったとしても、言った当人は今後、冷たい目で見られることになる。

そんなわけだから、いまの職場が甘いと思っても、それは口にしないほうがいい。いまの職場と他の職場を**比較すること自体が、いまの職場に対して失礼にあたりもする。**

もし言うとすれば、**「ここは、チームワークがとれていて、気持ちいいですね」**などと**いう言い方をするのが好ましい。**そうすれば、言われたほうも悪い気はしない。

「そんなこともできないの?」

!人の弱点をあげつらって自分は高みに立つつもり?

同僚の中には、要領の悪い者もいる。たいていの仕事はなんとかこなしているのだが、特定の仕事となると、うまくできない人もいる。そんな人物を見ながら、「そんなこともできないの?」「えっ、できないんだ!」と横でびっくりしてみせる同僚もいる。

当人は、ちょっとからかってみただけのことかもしれない。いつもきっちり仕事をしている同僚の穴を見つけて、なんとなくうれしくなって、口が滑《すべ》ったのかもしれない。

いずれにせよ、言われた同僚はムッとくる。「そんなこともできないの?」と言った当人は、自分は「デキる」と豪語しているようなものだ。人の弱点をついて、自分を高めている姿に、「何をエラそうに」と思ってしまうのだ。

また、人には努力してもカバーできない領域がある。他人は簡単と思っていることでも、その当人のみはうまくこなせない。そうした弱点を指摘されると、他の能力までも否定されたような気分になる。辛い思いをするし、悪質な意地悪をされたような気分になるものだ。

私自身、「そんなこともできないの？」は、職場で言われたことはない。職場では気遣ってもらっているのだろうが、家庭では妻からしょっちゅう言われている。私は、工作の類がまったくできない。組み立て式の家具を妻に「組み立ててちょうだい」と言われても、まったくできない。九〇パーセント以上の人はこなせると言われるものも、長時間かけて取り組みながら、結局は途中で放棄してしまう。しかたなく、妻のほうが工作を担当している。妻は「あなたの脳は、どこか壊れているんじゃない？」とも言う。私は「いったい何様」とは思うのだが、できないだけに、反論できず、悔しく思う。

私に似たのか、長男も工作ができない。プラモデルを最後まで組み立てたことがないし、紙の山折りや谷折りもろくにできない。工作というと、男は得意としているイメージがあるのだが、できない者もいる。そこに「そんなこともできないの？」と言われると、悔しく思うと同時に、「いったい、何の権限があって言うのか」とムッとなるのだ。

そんなわけで、「そんなこともできないの？」と思っても、口に出さないことだ。できないのは能力不足というよりも、一つの個性であるという言い方をしてほしい。**「これって、苦手みたいだね」と言えば、「何様」とはならない。**

「この分野にはちょっとうるさい」

！エラそうな自慢話は聞きたくありません

他人の長々とした自慢話くらいつまらないものはない。だが、人には自慢話をせずにはいられない側面があるようだ。ある分野に強ければ、「俺、この分野にはちょっとうるさいよ」と自慢したい。もちろん、それが、料理や音楽、映画、クルマ、バイクといった趣味の話なら、問題ない。それらについて、何人かが集まり、お互いに自慢し合うのは、何よりも楽しいものだ。

だが、だからといって、「俺、この分野にはちょっとうるさいよ」を仕事の場に持ち込んで同僚らに言ったのでは、みんなからあきれられてしまいかねない。

それが一人で得意げに語る自慢話であるだけでも、聞いている者はシラけるのだが、こう口にする人が傲慢に思われるのは、無責任にあれこれと自分の得意分野についてアドバイスしてくるからだ。

「この分野にはちょっとうるさいよ」と言って、とくに必要とされていないことについてもアドバイスしてくる。それが多くの人にはうるさく感じられるのだ。「お前はいったい、いつから俺の指導者になったのか」という思いを禁じられなくなってくる。

オフィスでは、特定のジャンルのスペシャリストがいるものだ。予算の見積もりなら主任のNさんに任せておけばいい、パソコンのトラブルについては三年目のF君に頼めばなんとかなる。過去のいろいろなデータ、話を集めるなら古参のTさん、若者の動向に詳しいのはLさんなどと、オフィスではなんとなく話ができあがっていることが少なくない。もちろん、それらの人は自慢しないし、頼られると、できるだけの支援をしてくれる。「俺は、この分野にはちょっとうるさいよ」と言いだす人は、たいていは職場でそのことが認められていないのだろう。たいした知識でもないから、誰も頼らないし、話を聞こうともしない。だから、自分からあれこれと口出ししてくる場合が多い。

そのことがわからず、「俺は、この分野にはちょっとうるさいよ」と言っていたのでは、周りから煙たがられるだけだ。

自分から何も言わなくても、特定の領域に力のある人は自然に発見され、認められる。「俺は、その分野にはちょっとうるさいよ」と言っている暇があるのなら、その分野をもっと勉強し、スペシャリストになることだ。そうなれば、周囲が自然に相談に来るようになる。

「こんなこと言えるのは俺くらいだ」

❗たいした意見も持っていないのに、何か勘違いしてない？

職場では、自分の存在感を示せば一定の評価を得られる面がある。そこで、「俺くらいだよ、部長に堂々と意見できるのは」「こんなこと言えるのは、私くらいです」と口にしがちだ。

本人は、キメたつもりだろう。あるいは、本心でそう思ってのことかもしれない。たしかに上司には、意見を言いにくい。とくに、おっかない上司には、意見を言いたくても、つい尻込みしてしまいがちだ。その現実を多くのサラリーマンがわかっているだけに、「俺くらいだよ、部長に堂々と意見できるのは」は威力があると思ってのことだ。

しかし、本人の意図とは裏腹に、これは、「何様言葉」になってしまう場合が多い。自分を勘違いして、エラぶっている人と思われてしまうのだ。

「俺くらいだよ、部長に堂々と言えるのは」を口にしてしまった人は、**自分を過剰に特別視してしまっている。**誰しも、「こんなことができるのは、俺くらいだよ」と、自分を特別視したがる側面を持っている。そこから「俺はエラいのだ」と言いたい気持ちになるものだ。だが、たいていはその気持ちを抑えている。第三者の目で見れば、やはりたいしたことないのではないかと思う。それなのに「俺だけだよ」などと言いだすと、いかに滑稽《こっけい》に見えるかわかっている。ところが、そうした抑制の心理がなくなれば、ことさらに自分を特別視した言葉を口にしてしまう。

それは、誰もが言いたかった言葉であるだけにいっそう「何様」と思われ、馬鹿にされもするだろう。

「堂々と意見できるのは俺くらいだ」と言う人は、むしろ、たいていはふだん滅多に上司にモノを言わない人ではあるまいか。たまたま上司に意見を言う機会があったのをいいことに、自分は「意見の言える奴」と思ってしまったのだ。

ふだんから上司に意見を言っている人は、こんな自慢はしない。自慢しなくても、「○○さんは、いつもわれわれに代わって部長に進言してくれる」と評価してもらっているはずだ。

それでもなお自分の存在感を示したかったら、**他人をほめてから自分の存在感を示すことだ。**「○○さんはよく意見を言うけど、私もときどき言うよ」とでも言えばいい。

「俺は誰に対しても同じような口をきいている」

！まるでナルシストの自画自賛だ

組織というところには必ず上下関係がある。上司の前ではかしこまらなければならない。ときにおべっかも言わざるを得ない。上司に何かをしてもらったら、心の中で思った以上に恐縮した様子を示さなければならない。

そんな中、「俺は誰に対しても同じような口をきいている」と言いたくなった人はいないだろうか。あるいは、言った人を見たことがあるだろう。要は、自分は相手によって態度を変えない人物であると言いたいのだ。おべっかや下の者に対する見下しが多い職場にあって、自分は違うのだとアピールするのが望ましい。

だが、周囲の同僚はその人の言葉を聞いて、「そうだね」と言うどころか、「何様」と反感を持つことが多いはずだ。「俺は誰に対しても同じような口をきいているよ」は、ナルシストの自画自賛にしか聞こえないからだ。さらに言えば、ありえない自分の自己像を描いて、それに酔ってしまっている。

実際のところ、日本の社会にあって、誰に対しても同じような口をきいている人などほとんどいないのではなかろうか。もし、いるとすれば、それは出会う人間が自分よりもずっと目下の人ばかりであるような人だろう。もし、そうであれば、誰に対しても敬意を払った言葉を使わなくてよいので、みんなに対して同じような口をきける。しかし、実際にはそのような人物はほとんどいないはずだ。

いや、たとえ、そのような人物がいたとしても、実際には、同じような口をきくのは難しいのではないか。なぜなら、人間は誰しも他人からの評価を気にしながら、生きているからだ。他人からの評価こそが、自分のアイデンティティにもつながる。他人の評価を気にしていないと言ったら、それはウソになる。周囲の人に良い人と思われたい、いっぱしの人間だと思われたいと思って、人々は生きている。そうである限り、相手によって態度を変えるしかない。誰に対しても同じような口をきくということは、「俺は他人からの評価を気にしていないよ」と言っているようなものだ。だから、「ウソつけ、カッコばかりつけやがって」と思われる。

そこにもう一つ、日本社会のむずかしさが関係する。英語社会なら、自分は「I」、相手は「You」ですむ。誰に対しても、「You」と言っていればいいが、日本社会では、相手と場所によって言い方をいろいろ変える。「あなた」と言うときもあれば、「お前」と呼ぶときもある。「あなた」「お前」ではしっくりいかないときは、「○○さん」「××君」と呼びもする。「I」もそうで、「わたし」「わたくし」「僕」「俺」などと使い分ける。日本社会は他者との関係が密接で、状況に応じて、自分と相手の呼び方を変えていく。それがスマートでもあるのだが、見方を変えるなら、相手によって態度を変えることでもある。

社長に対して、ヒラ社員が「お前」と言うのは非常識だし、「あなた」でもおかしい。ここは、「社長」と呼んだほうがいい。一方、後輩に対して、親しさを表現したいなら「お前」でもいいし、気を遣うなら「○○君」だろう。

「俺は誰に対しても同じような口をきいているよ」と豪語する人は、そのあたりの人間の微妙な関係性をあえて無視している。現実を無視して、理想的な自分を思い描き、それに浸ってしまっている。

実際のところ、「俺は誰に対しても同じような口をきいている」と言っている人が、本当にそうしているかは疑問だ。実は、後輩には見下した言葉を使っているかもしれないし、権威を振り回すのが好きだったりする。そんなわけだから、「俺は誰に対しても同じような口をきいている」は言いたくても、言わないことだ。

「英語くらいできる人にならないと」

❢どうせ私は英語のできないダメ人間ですよ

近年、英語のできる人材を確保しようという会社も少なくないが、相変わらず、多くの日本人は英語を苦手としている。**英語に必要以上のコンプレックスを持っている人も少なくない。そこに「英語」という言葉を安易に使うと、「何様言葉」になってしまう。**

その典型が、「英語くらいできる人にならないと」だ。この言葉を誰が誰に言うかによって、「何様言葉」になってしまうのだ。

オフィスでもっとも気をつけるべきなのは、同僚同士の会話だ。英語のできる人が、英語のまったくダメな同僚に対して、「英語くらいできる人にならないとなあ」と言ったのでは、言われたほうは「何をエラそうに」と憤然とするのも当然だろう。

英語のできる人の「英語くらいできる人にならないと」は、英語のできない者以外は、競争社会に生き残れないと言っているようなものだ。英語のできない奴はビジネスマンとして人並み以下であり、まったくダメな奴とほのめかしていると言っていい。英語のできる自分のほうがはるかに優秀と誇っているように聞こえるから、言われた側は鼻持ちならない奴と思ってしまうのだ。

しかも、そこに反撃しにくい悔しさが伴う。多くの日本人が英語にはコンプレックスを抱いている。逆に言えば、英語の多少できる人は、それだけで輝いて見えて、自分が及びそうもない。努力しても、追い抜けそうにないから、「英語くらいできる人にならないと」と言われると、「オレが下手なことを知っているから、いい気になりやがって」と思ってしまうのだ。

さらに、将来への恐怖もある。日本のオフィスで英語のできる人材を求められはじめると、企業によっては、近い将来、英語のできないビジネスマンは不要になるのではないかという不安にさらされることになる。「英語くらいできる人にならないと」は、その不安心理を煽ってしまう。「そうかもしれない」と思えば、ますます反撃できず、悔しい思いをすることになる。

このように言う人は、たびたび「簡単な英語だから誰だってわかるよ」と言いながら、必らずしもやさしくはない英語の文章を同僚に示したりする。本人には悪気はないのかもしれないが、言われたほうにしてみれば、「オレにさっぱりわからない英語の文章をやさしいと言って、力の違いを強調したいのか」と怒りを覚えることになる。

だからといって、言われるまま、反撃しないのでは、相手をつけあがらせるだけだ。ここは、ちょっとは言い返しておくのが望ましい。たとえば、「そりゃそうかもしれないが、そのまえに日本語くらいできる人にならないとね」「まずは、人の心に対して気配りできる人にならないとね」とでも言えば、その皮肉は通じるだろう。あるいは、「私は英語の必要ないところで頑張るから、大丈夫だよ」と切り返す手もある。

実際、現状では、英語ができないと出世できない企業は少ない。ごく一部の企業がことさらに英語のできる人材を求めているだけで、残りの多くの企業は違う。多くの企業は、採用時も含め、全体としてのポテンシャルを見ている。

私のゼミにも、英語を苦手とする学生が多いが、それなりの企業に就職している者もいる。中には、ＴＯＥＩＣスコアで二〇〇点台とまったく英語力がないのに、競争率三〇〇〇倍の大手旅行会社に就職した者もいる。入社後、ある程度英語を勉強するようには言われているらしいが、英語力は求められる多くの能力のうちの一つにすぎず、絶対ではない。そのことを知っておけば、「英語くらいできる人にならないと」に十分反論できるはずだ。

第2章

顧客や取引先が離れていく「ナニ様?」な日本語

「ついでに寄らせていただきます」

!うちの会社は「ついで」扱いなんですか

仕事先に近日中に訪問したいと告げるとき、「当日は日本橋で仕事がございまして、近くにある御社まで、ついでに寄らせていただきます」「今日、新宿を通りますので、ついでに四谷の御社まで寄らせていただきます」などと告げたことはないだろうか。

当人は、気を遣ったつもりかもしれない。「ぜひ寄らせてください」と告げると、相手に負担がかかりそうな気がする。鬱陶しがられるかもしれない。人にわざわざ来てもらうのは恐縮するし、鬱陶しく思うこともある。そんな相手の気持ちを慮《おもんぱか》ったつもりで、「ついでに寄らせていただきます」と告げてしまう。こう言えば、相手の心理的負担を軽くできると思ってのことだろう。だが、相手もそうとってくれるとは限らない。

相手は、こちらの気配りを察してくれないかもしれない。「俺の会社は、〝ついでに〟寄る程度の会社なのかよ」「口ではうまいこと言っておいて、しょせん、〝ついで〟扱いなんだ」と見下されたように受け取る人もいるだろう。「あの会社の連中は、うちの会社を軽く扱いやがって、いったい何様なんだ」と毒づきたくもなる人もいるかもしれない。「ついで」という言葉は、「何様」と人をムカつかせることが少なくない。妻から「会社へ行くついでに、銀行へ寄ってこれを入金しておいて」と言われて、ムッと来る人も少なくないだろう。

会社へ行くのは、なによりも大事な仕事だ。それなのに「ついで」程度の仕事を同時に頼もうとする。そんな仕事を頼まれることで、自分の仕事や自分まで軽く扱われているように感じる。**上司から「ついでにこの仕事をやっといて」と言われたときも、同じだ。**自分は、いまの仕事を一生懸命こなしているのに、その態度を無視され、いい加減に扱われたような気になってしまう。

仕事先への訪問を告げるときは、最初から「ついでに」と言う必要はない。「○月○日午後二時に伺いたいのですが、ご都合はいかがでしょうか」とふつうに尋ねればいい。「ついで」を使っていいのは、相手が「わざわざいらしていただいて申し訳がない」と返答してきたときだ。ここで初めて、「いや、日本橋に寄るついでもございますから」と言えばいい。**相手が遠慮したときに、「ついで」を使うなら、相手の心理的負担を軽くでき、相手もそのことをありがたく思う。**

「何度も申し上げましたが」

!私を「忘れっぽい人間」と非難したいわけ?

得意先に確認のメールを送るとき、「これまで何度も申し上げましたが、以下のようにお願いします」「これまで何度もお伝えしたとおり、期限は今月いっぱいになります」などと書いてしまった人はいないだろうか。実際に何度も伝えたのだから、ありのままを書いただけかもしれない。あるいは、重要であることを再確認してもらいたくて、こう表現したのかもしれない。

当人には悪気はないのだろう。だが、受け取る側は「何様」と思ってしまう。直接、口頭で「何度も申し上げましたが」と言ってしまうのも、同じだ。

「何度も申し上げましたが」には、非難の響きがある。**非難する気がなくても、受け取る側はそこに非難を読みとる場合が多い。**

さらに、言われる側は、相手から不信感を持たれているのではないかと考えてしまう。**自分の情報処理能力に疑いを持たれているのではないか、忘れやすい人間と見なされてい**

るのではないか、だからこんなに口酸っぱく言われているのではないかと疑心暗鬼になる。
そうなると、「お前にそこまで言われる筋合いはない」という気になってしまうのだ。

私自身、「これまで何度も申し上げましたが」と言われて、ムッときたことがある。私にそのように言ったのは、付き合いのある出版社の編集者や私の経営する塾の講師、大学の職員だった。

私自身には、それほど何度も言われたという覚えがない。「あれっ、そんなに何度も言われたっけ」とびっくりすると同時に、ほかのことをしているうちに、つい忘れてしまったのではないかという気持ちがよぎって罪悪感を抱く。しかし、一方で、「なぜこんな非難がましい言い方をするのか」と不快な気持ちにもなる。

そんなわけだから、たとえ三度も四度も告げたことであっても、「これまで何度も申し上げましたが」とは言わないことだ。こんなときは、「まえにも申し上げたように」と言えばすむ。こう言えば、単純な確認の言葉になり、非難がましい響きがしなくなる。同じことを言うにも、何様に響く言い方とそうでない言い方がある。そのことを知っておいてほしいものだ。

「まえの担当者のほうが……」

！私に〝特別扱い〟を要求してるんですか？

仕事先の相手を「何様！」と感情的にさせる言葉の一つに、「まえの担当者のほうが、気が利いてたよ」がある。「まえの担当者は、ここまでやってくれたのに」「まえの担当者は、言わなくてもやってくれた」などと、まえの担当者の引き合いに出す。

　もちろん、そのように言いたいことはあるだろう。実際、新しい担当者が新人だった場合など、そのあまりの違いに愕然とすることがある。とはいえ、この言葉を使うと、関係を台無しにしてしまう。

「まえの担当者のほうが、気が利いていたね」と言うとき、**後任者を二流と見なし、見下してかかっている意識が露骨に見える。**「こいつには、このくらい言ってもいいだろう」と、ふんぞりかえってしまっているわけだ。

　また、**自分の特権性を訴えたい気持ちもあらわれている。自分は特別なのだから、もっと気を利かせて待遇をよくしろという意味で、「まえの担当者のほうが……」と言っている。**

本人にその意図はなくても、そう聞こえてしまう。

まれに、相手を心配してのケースもある。若くて経験不足の人間にもっと気を利かせるようにならないと、業界で生き残れないと心配もしての言葉かもしれない。だが、たとえそうであったとしても、「何様」な言葉であることに変わりはない。

もちろん、こんな「何様言葉」を言って得することはない。相手からは反感を抱かれるし、相手の会社からもよく思われない。「若手にはエラそうにふるまう人」とみなされる。自分の会社の評判を落とすことにもつながりかねない。

言われた側としては、その言い分を額面どおり聞く必要はない。実際のところ、前任者が本当に気が利いていたかどうか、わかったものではない。前任者に慣れているほど、新しい担当者に違和感を感じやすいのもたしかだ。

新しい電化製品が登場したときなど、使い慣れた古い製品のほうが使い勝手がよく、性能も安定していたように思う。それと同じで、前任者がかならずしもデキたとは限らない。

言われた側は、ここはナメられないようにしなければならない。**「前任の者のことは存じませんが、私には私のやり方がありますので」「私が社を代表して担当させていただいておりますので」とでも切り返しておけばよい。**

「誠意が感じられません」

！それって〝クレーマー言葉〟じゃない？

「誠意が感じられない」は、クレーマーがよく使う言葉だ。ささいなトラブルでも、一大事であるかのごとく言い立て、ついにはこの言葉を口にする。クレーマーの場合、「誠意」という言葉は「金」や「特別待遇」を意味することが少なくないが、ビジネスの場でも使う人がいないではない。

たしかに、世の中には、まったくでたらめな会社もある。お金だけ受け取ったら、あとは知らないといったブラック企業もあり、そんな会社にだまされたときに、こう言うのはしかたないだろう。

とはいえビジネスマンの中で、ふつうの会社相手にこの言葉を使うとなると、話は別だ。取引先がこちらの期待通りに動いてくれず、イライラしたときに、「あの会社には、いったい誠意はあるのか」と口にする。もちろん、常識あるビジネスマンなら、面と向かって相手には言わない。さすがに面と向かって言うと、喧嘩《けんか》になってしまうからだ。

むしろ、仲間内で「あの会社からは、誠意が感じられない」「あそこは誠意ゼロだよ」などとこぼす。たんなる愚痴であることもあるが、ときには第三者に漏らして、後にこの言葉が相手に伝わることを期待する人もいる。

ただ、相手にそれとなく「誠意が感じられない」ことが伝わっても、関係は好転しないだろう。相手は、「いったい何様」と思ってしまうからだ。相手にすれは、それなりに誠実に対応しているつもりでいる。それなのに、「誠意が感じられない」と言われるのは、「努力が足りない」「俺を満足させろ」と怒られているようなものだ。相手は、「いったい何の権限があって、こんなことを言うのか」とむくれることになる。

また、**「誠意が足りない」は、あまりに抽象的な言葉だ。具体的に何をしてほしいのかが、わからない。「自分で考えて、最高の対応をしろ」と言われているようなもので、これまた言ってきた人物を尊大に感じ取ってしまう。**

そんなわけだから、かりに仕事相手に「誠意が足りない」と思っても、その言葉を口にしないことだ。それよりも、具体的に何をどうして欲しいのか考えることだ。**具体的に言えば、相手も欠けていた部分を理解し、カバーしようとする。**お互いが理解し、うまく仕事ができるようになるはずだ。

「責任者を呼んでください」

！それは越権行為に当たりませんか

数ある「何様」言葉の中でも、とりわけ鼻持ちならない「何様」言葉の一つが、「責任者を呼んできて」だ。あるいは、「君じゃ話にならないから、わかる人を呼んできて」「話のわかる人を出してくれ」などだ。

「責任者を呼んできて」は、お客が商店、レストランなどに文句をつけるときよく言う。多くはクレーマーや常識のない人たちなのだが、そんな非常識な人たちは、ビジネスの世界でもいる。仕事先でトラブルがあり、もめごとが起きたとき、ついこの言葉を使ってしまう。

ビジネスで「責任者を呼んできて」と言ったのでは、ビジネスマン失格だ。ビジネスには、たいてい担当者がいる。担当者が精一杯やっているのだから、担当者を立てるのが筋だ。その担当者が自分では処理できないと判断すれば、上司に報告し、ここで上司が判断、上司が話を聞くこともある。それは担当者やその上司の判断すべきことで、社外の者があれこれ指示すべきものではない。

「責任者を呼んできて」と言うのは、相手先の会社に命令するようなものだ。越権行為も甚だしい。むしろビジネスマンとしての常識を疑われてしまう。

また、担当者を子ども扱いしている。たしかに、若い担当者の場合、ミスも多いが、ミスを経験しながら、成長するものでもある。若いビジネスマンの失敗を認めない姿は、狭量と言っていい。温かい気持ちで見守ってこそ、互いに心地のよい関係が結べる。そこで、ミスをあげつらっていたのでは、将来にわたって信頼関係が結べない。

そんなわけだから、逆に「責任者を呼んできて」とわがままな相手に言われても、すごすご引き下がる必要はない。「ここでは、私が一番わかりますから」と答えて、話を進める。話がいよいよむずかしくなれば、「この件については上司に報告し、のちほどご報告いたします」と言えばいい。

逆に「責任者を呼んできて」と言いたくなった場合、ていねいな形で話を進めていくといい。**「責任者」ではなく、「この件に関してもっとわかる方がいらっしゃると、ありたがたいのですが……」とでも伝えれば、もっと責任ある立場の人が出てきやすくなる。**

「お目にかかる機会はないと存じますが」

！これって高飛車な絶交宣言？

ビジネスの世界では、部署がかわっても、そのあと、社外の仕事相手のつきあいはつづくケースが少なくない。これが転職、離職となると、話は変わる。いまの仕事相手とのつきあいは、なくなってしまいがちだ。そこで、転職の挨拶に回ることになるが、このときだ。「また、お目にかかる機会はないと存じますが、よろしくお願いします」と言ってしまったのでは、「何様」と思われる。

本人は、現実を述べたつもりだろう。もう会う機会もないかもしれないが、もし何かの縁があったら、そのときはよろしくという意味で言ったのだろう。だが、これでは高飛車な絶交宣言と受け取られてしまう。

「お目にかかる機会はないと存じます」は、言い方はていねいでも、内容は痛烈だ。「お前とは金輪際《こんりんざい》会わないぞ」と、伝えているようなものだ。相手は、一方的な絶縁宣言に面食らい、しだいに「俺のどこに落ち度があったというのだ。それも言わず、何をエラそうに言ってるんだ」と思うようになる。

私自身、「もうお目にかかる機会はないと存じますが」を遠回しの絶交宣言に使うことにしている。そうすることで、相手に、こちらから会うつもりのないことを暗に伝えるわけだ。付け加えると、ただ一度だけだが、私の絶交宣言をその意味で受け取ってもらえなかったことがある。相手は、私がまたいずれ会いたいと思っていると解釈したようで、そのあと相手から「機会というものは、できるものではなく、つくるものだ」といった内容の反論が返ってきた。

このようなことがあるにせよ、基本的にこの表現が相手に対して積極的に会おうと言う意思のないことを示した、かなり高圧的な表現であるのは間違いない。

日本語の不用意な使用で、誤解を生み、「何様」と思われるほど、馬鹿馬鹿しいことはない。ここは、誤解されないような日本語を使うのが望ましい。「またお目にかかる機会がございましたら、よろしくお願いします」「これまでとはまったく別の世界で生きていくことになりますが、またご縁がありましたら、そのとき何とぞよろしくお願いします」などと言えばいいだろう。

「ブログに書いてあるので見てください」

！そこまで時間と手間を使わないといけないの？

近年、自分のブログを作成、ブログにあれこれ書き込みをしている人は増えてきた。かく言う私もブログを立ち上げているが、あまりにブログに夢中になると、何様な言葉を言うようになりかねない。

その一つが、「ブログに書いてあるので見てください」だ。たいていは、盛り上がりかけた会話を遮るかのように、こう言いだす。本人は口で言うより見てもらったほうが早いと思ったのかもしれない。あるいは、その場で自分の話を長々とするよりは、関心のある人だけブログを読んでくれればよいという謙虚な気持ちでそう言ったのかもしれない。ところが、この言葉は時に場をシラけさせる。

「ブログに書いてあるので見てください」と言うと、そこに強制感が心ならずも滲《にじ》んでしまう。**「見てください」自体に強制的なニュアンスがあるうえ、「書いてあるので」と言われると、見るのが当たりまえだろうと言われたような気になる。**

他人のブログを見る・見ないは、当人の自由だろう。それを強制されたと感じたのでは、「人を強制するほど、お前はエラくなったのか」と思うのも無理からぬところだ。「わざわざ人にブログを読ませるくらいなら、ここで簡潔に話をすればいいだろう」と言いたくなってくるだろう。そんな人間にしてみれば、家に帰ってのち、わざわざブログを見るように求めるのは、他人の時間を奪うに等しい。

たしかに細かい話はブログを読んだほうがわかるかもしれないが、そこまで知らなければならないことでもない。言われた当人は、「お前のために、そこまで時間を使うのか。お前は俺のご主人にでもなったつもりか」とさえ思うかもしれない。

それに**この言葉には、自己陶酔臭と自己宣伝臭が強く漂う。**ブログに夢中になった人の中には、自分が多くの人に求められて書いているかのような気持ちになり、まるで連載小説を書く作家であるかのような気分になる人がいる。「ブログに書いてあるので見てください」という人もそうで、そのようなニュアンスが漂う。

ブログを見てほしいときには遠慮がちに、「もし、ご関心がおありでしたら、詳しいことはブログに書いていますので必要でしたらご覧になってください」と、おしつけがましくならないようにできる限り謙虚に言うべきだ。

「今度、（大物の）Aさんを紹介してください」

！一方的に便宜を図ってもらおうとは、あつかましいなぁ

ビジネスは人間関係だとよくいわれる。どこかに大物とのパイプ役はいないかと目を光らせるビジネスマンもいる。取引先の一社が、その世界の大物であるA氏と懇意にしていることがわかった場合など、取引先の担当者に、「今度、Aさんを紹介してくださいよ」と申し出てくる人がいる。

これは、図々《ずうずう》しくもあつかましい態度といえるだろう。紹介する・紹介されるは、ギブ・アンド・テイクの世界だ。紹介された両者は同格であることが望ましい。同格でない場合でも、お互いにプラスになる関係でなくてはならない。自分はさほどの者でもないのに、大物を紹介してほしいと思っていたり、自分が大物から一方的に便宜を図ってもらいたいと思っているのでは、たんにあつかましいだけだ。

「紹介してくださいよ」は、相手を困らせる言葉でもある。言われた側は、むげに断るわけにはいかない。断ってしまえば、角が立つ。「なぜ、あの人はそんな申し出をしてくるのか」と、頭を抱えてしまう。

だからといって、もちろん「今度、Aさんを紹介してくださいよ」と言われたとしても、それに従う必要はない。これには、うまい断り方がある。「以前も頼まれたことがあり、Aさんを紹介しましたが、頼まれた方は△△会社の会長のB様でした。この場合は、うまく紹介できたのですが」と言う。あるいは、「以前、紹介した方は、Aさんの喜ばれる提案をなさったのですが」と言うのでもいい。

つまり、以前に紹介を頼んできた人物は、十分に紹介されるだけの資格のあった人物であることを告げるわけだ。実は「あなたでは、とても見合わない」と痛烈に皮肉っているようなものだが、この皮肉はたいてい通じない。だが、ともかくも、こう言われると、さすがに相手もそれ以上言えなくなる。

人物を紹介してもらいたいときは、その人物と相互にプラスの関係が築ける場合に限られる。これなら、相手に負担はかからない。このとき、気配りも必要だ。紹介はギブ・アンド・テイクの世界でもあるから、自分からも「これは」と思った人物を紹介しようかと申し出る。これなら、貸し・借りなしで、お互いのためになる。

「売れているようですね（笑）」

❢うちの製品が売れるのは、笑うようなことですか？

最近のビジネスでは、メールのやりとりは日常化し、ビジネス・メールであっても、非公式のものには遊びがはいるようになった。親しい相手には、記号や顔文字を使う若いビジネスマンも少なくない。その記号や顔文字の使い方にも一定のルールがあって、使い方を誤ると、相手に「何様」と思われることになる。

たとえば「御社の新製品、売れているようですね（笑）」「先日、訪問したドイツで御社の評判がよかったですよ（笑）」といったものだ。**喜ぶ気持ちを伝えようとして（笑）としたのだろうが、（笑）は苦笑いのとき、あるいは失笑の意味で使うことが多い。**

「御社の新製品、売れているようですね（笑）」では、「この製品は本来売れるはずがない。売れていることが不思議だ」と言っていることになる。メールを受けた相手は会社や新製品がバカにされたように思い、「いったい何様のつもりか」とムッとする。

私自身、この記号入りのメールを受け取ったことがある。「先生の本、売れてるそうですね（笑）」というものだった。悪気はないのだろうが、受け取った私は一瞬ムッときた。つまらない本が売れているとせせら笑っているように感じたのだ。しばらく考えて、喜んでいる気持ちを伝えたいのだろうと斟酌《しんしゃく》したが、それならば（笑）ではなく、笑った表情の顔文字や絵文字を使わないとおかしい。これなら一緒に喜んでいる気持ちが伝わる。

（笑）を使いたいなら、自分の行為を茶化《ちゃか》すときだ。「あまりに欲しかったので、つい三個も買ってしまいました（笑）」「デスクの上の子どもの写真、ついに一〇枚になりました。完全に親バカ状態です（笑）」といった具合だ。

同様に気をつけるべきなのが（汗）マークだ。「冷や汗をかきました」という意味で使っているようだが、これはバカっぽい。冷や汗をかく事態に陥った自分、ミスをした自分をわざわざ宣伝しているように見える。

そもそもビジネスメールに、わざわざ（笑）（汗）といった記号を使う必要はどこにもない。目上の人や親しくない相手なら、むしろ書いてはいけない。親しい相手にも、大事な仕事のメールに（笑）や（汗）マークを入れたのでは見識が問われる。調子に乗っておかしな記号を使い、相手の気分を害さないようにしてほしいものだ。

「特別なルート」

❢なんかエラそう。自慢ですか

社外の人物と会って、ある情報を提供したときなど、相手が非常に関心を持って、根掘り葉掘り聞いてくることがある。たいていの人はしゃべっていい部分までは明かし、秘密にしなければならない部分については、話をそらせる。それでも、相手が秘密の部分を尋ねてきたとき、「これは特別ルートからの話なので、これ以上はお話しできません」と逃げたことはないだろうか。あるいは、社外の人間に秘密情報を伝えるとき、「うちは、特別のルートを持っているので……」と言った覚えはないだろうか。

当人とすれば、「特別なルート」はうまい言い方と思っているのかもしれない。「企業秘密です」というのはエラそうな気がして、「特別なルート」ならぼかした言い方になると思ってのことかもしれない。あるいは、本当に特別なルートを持っていて、正直に言ったまでかもしれない。

だが、この言い方は、「何様言葉」になりやすい。自分は相手にない上等なルートを持っていると、自慢しているようなものだからだ。「企業秘密です」とエラそうに答えるのと、相手に与える印象はそれほど変わらない。驕《おご》った奴と思われてしまいやすい。

それは、逆をイメージすれば、すぐにわかる話だ。「特別なルートがあるから」と言う人のなかには、大物気取りやうぬぼれ屋が多い。本当は大したルートを持っているわけでもないのに、「私には特別なルートがございまして、他社ではご用意できないものまでご提供できます」などと言ってくる人もいる。どことなく胡散臭《うさんくさ》さも感じるし、ひとりよがりの傲慢さを感じないでもない。自分で「特別なルートがありまして」といった言い方をすれば、同じ印象を相手に与えてしまう。

私自身、「特別なルート」を持っているという人物に困惑させられた経験が二度ほどある。二度とも、入手の難しいものを特別に入手できるルートを持っているということだった。すったもんだの末、やっとのことで「特別のもの」を入手したが、後になって、ちょっとした情報があればだれでも入手できることを知ったのだった。

「特別なルートを持っていまして」と言うと、エラそうにと思われると同時に、詐欺師のような目で見られることがあるので注意するほうがいいだろう。

「おじいちゃん(おばあちゃん)、大丈夫ですか?」

❢年寄り扱いするなんて失礼じゃないか

営業の仕事では、お年寄りに接することも少なくない。「おばあちゃん、お元気そうですね」「おじいちゃん、大丈夫ですか」などと声を掛けた経験はないだろうか。それも、赤ちゃん相手に、あやすような感じでだ。お年寄りには、耳の遠くなった方もいる。本人としては年配の方にやさしく、気配りしているつもりなのだろう。あるいは、やさしい気持ちを表そうとしているのだろう。だが、このような表現は、むしろ年配者に屈辱感を与える。そして、「何様」と思われかねない。

言うまでもないことだが、身内に、「おじいちゃん」「おばあちゃん」と呼ばれるのはまったく不快ではないだろう。だが、赤の他人におじいちゃん・おばあちゃん呼ばわりされたくないというのが、大方の人の感覚だ。

とくにいまの年配者は、精神的にも肉体的にも若い人が少なくない。また、若くありたいと思っている人も少なくない。八〇歳の男女がパソコンの前に向かったり、登山を楽しんだりもする。そんな人たちを「おじいちゃん」「おばあちゃん」と呼んだのでは、年配者を完全に年寄り扱いしたことになる。これは、年配者にとっておもしろかろうはずがない。それも、**赤ちゃんをあやすかのように「おじいちゃん」と言ったなら、知的に劣る人扱いしているようなものだ。**年配の方はなめられたような気分になる。

とりわけ、いまの六〇代、七〇代は、年寄り扱いされるのを嫌う。本人らは自分を年寄りだと思わず、四〇代くらいの意識でいる。年配者を「おじいちゃん」と呼んだだけで、強く反発されるのだ。

私自身、すでに六〇代になるが、やはり年寄り扱いされるのはうれしくない。先日、電車内で八〇歳くらいの男性が席に座っていた若者に対して、「若者は座るな。お年寄りがたくさん立っているじゃないか」と叱り、若者をどかせた。そのために二つの席が空いたが、一つの席に自分が座って、私においでおいでをするではないか。私に隣の席に座れということらしい。とっさにどうすればよいのかわからなかったので、とりあえずは好意に甘えて座ったものの、私もついに年寄り扱いされる日が来たと愕然《がくぜん》としてしまった。

ともかく、年配の方でもお年寄り扱いは失礼で、ビジネスマンなら「お客様」と言うのが望ましい。

「あなた」

！議論を吹っかけられている気がします

議論をしているとき、「あなた」はときどき使われる。上司が部下に「あなたは、どう思う」、同僚に対して「あなたねぇ、それは」などと言うのは問題ない。これを調子に乗って、部外者に使うと、「何様」になりやすい。

会社の中で使うのと同じ調子で、「あなたの会社は」「今度の仕事は、あなたに頼みたいんだよね」などと使ったことはないだろうか。当人は気軽に使っているだけであって、悪気はないのだろう。だが、言われた側は「ちょっと、この人、エラそう」と思ってしまう。たとえ、部外者の相手が目下であってもだ。

「あなた」という二人称は、今の日本ではふつう目上相手には使わない。目下、あるいは同格のみに許される言葉だ。社外の相手の場合、相手がたとえ目下であろうと、同格かそれ以上として接するのがビジネスの常識だ。それなのに、「あなた」と言ったのでは、相手を格下呼ばわりしたことになる。

さらにいえば、「あなた」には議論を吹っ掛けてくるような印象が強い。言った当人にはそんなつもりは毛頭なくても、言われた側は圧迫感を受けたような気になる。「何様言葉」になりやすい「あなた」をつい使ってしまうのは、教育にも問題があると思う。小学校から高校までの国語のテキストや試験問題に、「あなた」という言葉が使われている。あるいは、英語の授業では、「ｙｏｕ」を「あなた」と訳させている。日本語では「あなた」とは訳さないシーンでも、「あなた」と訳して正解となっている。こうした教育を受けていると、「あなた」「君」「御社」などの使い分けが下手になってくる。

また、テレビの討論番組の影響もある。テレビの討論番組では、アメリカのディベートに影響されてか、「あなた」という言葉をよく使う。議論しようとすると、どうしても欧米的な思考になって、「あなた、そうは言ってもね」「あなたねぇ、それは極論でしょ」などと使うことになる。そのような議論を聞いて、「あなた」を日常的な場面で使ってもOKなのだと考えると、周囲を不快にさせることになってしまう。

「あなた」が「何様言葉」になりやすいのは、メールの世界だ。 メールの世界のほうが、「あなた」を平気で使う傾向さえある。取引先相手へのメールにも、「あなた」を使ってしまった覚えはないだろうか。

私もメールで「あなた」と呼ばれた経験が何度かある。仕事相手からのメールで、宛先は「樋口先生」「樋口様」となっているのだが、文面では私に対して「あなた」だ。私よりも明らかに歳下の人が平気で「あなた」を使っている。

私のブログでも、「あなた」呼ばわりされたことがあった。私のブログは、これまで何度か炎上寸前になったことがある。あるとき、私がブログで、「マーラーが嫌いだ」と書いたら、そこに反論が殺到した。全国のマーラー・ファンを怒らせてしまったらしく、中傷めいたコメントまでもらった。

攻撃のメールの中で、「あなたのマーラー理解は」「あなたはしょせん」などと書いてくる人がいた。私は当然、目上の方からのメールと思って、丁寧に返事をしたが、メールを送ってきた当人は、じつは高校生であると判明した。高校生が六〇歳近い男に対して、「あなた」と対等の文章を書いてきたわけだ。当人には悪気はなかったようだが、「あなた」という日本語を誤って解釈している人は少なくないと知った。

部外者への電話であれ、メールであれ、まずは「あなた」を使わないことだ。「〇〇様」や「貴兄」「御社」といった言葉を使い分けるのが望ましい。

第3章

上司が呆れる「ナニ様？」な日本語

「腕を上げましたね」

❗上から目線で俺を評価する気？

人をほめることは大切だ。ほめれば相手との関係はよくなるし、ほめるために他人を観察していくと、観察力が鍛えられてくる。だが、「ほめ」は無条件に歓迎されるものではない。相手によっては「何様」と思われる。**とくに上司、目上の人相手にほめ言葉は使うべきではない。**たとえ、プライベートであっても、「何様」言葉になってしまう。

たとえば上司とカラオケに行ったとする。以前は明らかに音痴だった上司が、それなりに聞けるようになっていた。おそらく家なり、どこかのカラオケスナックなりで練習したのだろう。練習の成果があったことを上司に伝えたい。そんなとき「腕を上げましたね」と言ってしまうのだが、上司にとってこれは「何様」語となる。

「腕を上げましたね」という言葉の背景には、「自分のほうがレベルが上」という気持ちがある。上司が音痴だと思うのは、「自分は音痴ではない」「自分は歌の善し悪しを聞き分ける耳を持っている」と考えているからだ。だから下手だった上司の歌が少しでもうまくなると、「うまくなった」と気づく。要は「歌に関しては自分のほうが上」と思っているわけで、上司は部下のそうした思いを敏感に察する。それが仕事とは関係ないジャンルでも、部下から上から目線で見られたことにムッとくる上司は多い。

そもそも、「目下は目上をほめるべきではない」と考える上司も少なくない。ほめるというのは相手を評価する行為であり、評価の結果がよいと「ほめる」ということになる。評価は基本的に、目上の者が目下の者に対してするものだ。部下が上司を評価するのは僭越であり、だからほめる行為もすべきでないというわけだ。

そう考えるなら、たとえ上司から「教えてくれ」と頼まれた分野であっても、うっかりほめたりしないほうがいい。「ｉＰａｄの使い方を教えてくれ」と頼まれ、簡単な操作法を教えた。後日、上司を見ると、なかなかうまく使いこなしている。だからといって「**うまくなりましたね**」「**上達しましたね**」とは言わないことだ。**自分から教えを乞うた分野でも、部下から上から目線で言われたことで上司がムッとしないとも限らない。**

聞かれない限り、自分からは何も言わないほうがいい。上司から「これでいいかな？」と聞かれたときも、評価じみた言葉は避け、「ええ、いいと思います」ぐらいにとどめておくことだ。

「期待しています」

！それを言うなら「ご活躍をお祈りしています」だろ

オフィスでは、後輩を励ます先輩は、少なくない。「今度の仕事、期待しているよ」「これでも期待してるんだぜ」などと声をかけるのは、後輩への刺激にもなる。ところが、調子に乗って、上司に向かって「期待しています」と言ってしまう人がいる。

その場では何もなくても、その一言はきっと上司をムッとさせているだろう。側《そば》で先輩が聞いていたら、「おい、お前」と注意されることもあるかもしれない。「期待しています」は、同僚には励ましの言葉になっても、上司、先輩には「何様言葉」になってしまう。

「期待しています」は、上から見た言葉なのだ。自分はすでに高い境地にあって、下から上がってくるところを眺めている響きがある。上司や先輩が部下、後輩に向かってこう言うのはいいが、部下、後輩が上司、先輩に言ったのでは、見下ろしたことになってしまう。「いったい、お前はいつから俺の上司になったつもりだ。そんなにエラいのか」と思われる。「期待しています」で失敗する人は、多いだろう。私の教え子を見ていても、そう思えてくる。学生からの私へのメールの中に「次の著作を期待しています」と書いてきた学生がいた。「期待しています」と、直接言ってきた学生もいた。

いずれの学生も、悪気はない。語彙《ごい》が少ないせいもあるが、「期待しています」はいい言葉だと思って、口にしている。学生同士ならそれでいいだろう。言葉に無頓着な先輩なら、後輩から「期待しています」と言われても、これが生意気な言葉とは思わない。そんな環境下にいたから、相手が目上でもつい使ってしまうのだ。

学生ならまだ許されるが、社会人となって「期待しています」を間違って使ったのでは、「何様」となる。「期待しています」は、どんな場面でも使える言葉ではないと知ることだ。

上司、先輩に対してお世辞の一つでも言いたいなら、**「ご活躍をお祈りしています」「また、勉強させてもらいます」とするのが望ましい。**

「仕事ができますね」

！部下の分際で上司を「評価」？

上司や先輩にちょっとしたお世辞を言うのは、悪いことではない。上手にお世辞を言えるようになれば、好感を持たれ、仕事も順調にいきやすい。だが、だからといって、たんに上司をほめればいいというものではないことは前に述べた。ほめたつもりが、「何様な奴」と不興を買うことがしばしばある。

お世辞の典型は、「課長、仕事ができますね」「部長の計画は、壮大ですね」だ。「仕事ができる」「計画が立てられる」は、ほめ言葉と思ってつい使ってしまいがちだが、上司相手にはほめ言葉にはならない。

「仕事ができる」「計画が立てられる」は、一つの評価、批評にほかならない。評価、批評とは、上から下へなされるものだ。評価をしていいのは上司の立場のみであって、部下が上司を評価するのは越権と言ってもいい。部下が上司に「仕事ができますね」と言ったのでは、上司は上から目線の言葉ととらえる。「何をエラそうに」などと、ほめたつもりが逆効果となる。上司は、プライドをひどく傷つけられたと感じている。

このとき、面と向かって「いったい君は何様のつもりなんだ」と言わなくても、上下関係のわからない奴というレッテルを貼られる。上司から得ていた信頼も失ってしまう。

上司にお世辞を言うなら、上司の仕事、思考を「学ばせてもらっている」というスタイルにすることだ。「今回の件では、勉強させていただきました」「今後の手本にさせていただきます」と言えば、上司を「教師」「模範」にしたことになる。

あるいは、「真似しようにも、私には真似できません」「そんな見方があるとは、私の頭では思いもつきませんでした」と、自身をへりくだらせる方法もある。自身がへりくだれば、上司の仕事、思考がいかにすぐれているかが、伝わりやすい。

もう一つ、お世辞を言うなら、具体的に的を絞ることだ。「勉強させてもらいました」でもいいが、何を勉強させてもらったかを具体的に言う。

たとえば、**「今回の根回しのやり方を今後の手本にさせていただきます」「ああやって誘導すれば、人が動くのですね、勉強させてもらいました」などと言えばいい。具体的に言うなら、上司のほうから「わかっている奴」と思われ、評価も高くなろう。**

「ふつうできません」

❗何が「ふつう」かなんて、未熟なお前にわかるのか？

いつも簡単な仕事ばかりを上司から指示されるとはかぎらない。中には、自分にはやや荷が重い仕事もあれば、期日中には達成がむずかしい仕事もある。こんなとき、上司に向かって「ふつうできませんよ」と言って仕事を断る若者がいるという。

言った当人には、悪気はないだろう。無理難題を押しつけるほうが悪いから、軽くそれを指摘して、考えを変えてもらおうとさえ思っている。

けれども、言われた上司は「何様」と感じて、ムッとするかもしれない。一つには、上司の依頼を断ってしまっているからだ。上司の指示は、つまりは、命令にほかならない。上司の命令に部下は従うのが基本なのに、それを外してしまっている。この時点で、上司のプライドを傷つけたことになる。

「ふつう」という一般化した言葉が、さらに追い打ちをかける。何が「ふつう」かという認識は、人によって異なる。ビジネスや世間については、たいてい上司のほうがよく知っている。**若者にとっては「ふつう」でも、一般社会では「ふつう」でないことは多々ある。そのことを無視して「ふつうできませんよ」と言うのは、部下のほうが上司よりも社会を知っていると豪語したも同然だ。**上司は、「この勘違い野郎」と怒るのだ。

また、「ふつうできませんよ」には、手抜きしたい、サボりたいという思いが聞きとれる。言った本人に自覚はないかもしれないが、少なくともそう感じられるふしがある。その気持ちが透《す》けて出てくれば、上司は部下を怠慢な奴と見てとるだろう。

だからといって、上司の側も、「ふつうできませんよ」と言われて、「そんなことはないだろう」と返すのは、大人げない。部下から根性主義丸出しの上司に受け取られる可能性があり、知的ではない。

ここは、例を挙げて説得するべきだ。たとえば、「昨年は、F君に頼んだけれど、期日どおりにやってくれたよ」「入社四年目くらいになると、この程度はこなしているよ。先輩のY君もT君もやってくれたよ」などと言えば、部下も安易に反論できなくなる。あるいは、具体的に「まず、この部分を片づければ、うまくいくはずだ」と説明していく手もある。

「教えてもらってないので、わかりません」

！いつまで会社で「お客様気分」でいるつもり？

新入社員というのは、「何様指数」が高くなりやすい。当人は日々、緊張し、教えを請う立場に徹しているつもりだろうが、学生気分が抜けきらないと、つい「何様」な日本語を使ってしまう。

よく言うセリフが、「教えてもらってないので、わかりません」「教えてもらってないので、できません」だ。たしかに、学校では教えられたこと以外のことを知らなくても、不問に付されてきたかもしれない。「わかりません」と言えば、丁寧に教えてもらえただろう。けれども、社会人は違う。**お金をもらって、仕事は「教えてもらって当然」は通用しない。**

上司や先輩に教えてもらいつつも、自分で学びとっていく姿勢が求められる。「教えてもらってないので、わかりません」「できません」は、仕事に関して自分なりにわかろうとする努力をサボった言葉とみなされる。教えてもらったこと以外のことをしないと宣言したも同然で、ビジネスマン失格のあつかましい言葉なのだ。

「教えてもらってないので、わかりません」は、入社したてのころに一回か二回くらい使うなら、まだ許されるだろう。上司も、仕事について何もわからないのだから、しかたないと大目に見てくれるが、仕事に慣れてきても同じでは、呆《あき》れられる。

たしかに、上司はその部下には教えてないかもしれないが、すでにいろいろ人に同じことを指導しているケースも多い。ならば、彼らに聞きながらやってみることはできるはずだ。オフィスでは、わからなければ、誰かに聞いて、仕事を進めていくのが一つの常識だ。それが自助努力というものなのに、「教えてもらってないので」と言う新人は、仕事の意味をわからないままなのだ。本人に悪気はないのだろうが、上司からの評価は早くも低いものになる。仕事も回してもらえなくなってしまう。

こんなとき、上司は怒ってもしかたないから、やむをえず教えることになるが、あるいは「○○君に聞いてみたら」と人に尋ねることを教えるのもいい。先輩に聞きながら仕事を覚えるというコツをつかませる機会になる。

新入社員の場合、最初はしかたないが、まずは指示どおり仕事に挑戦することだ。できないとき、「このようにやりましたが、どこがダメでしょうか」と尋ねればいい。

「私のキャラじゃありません」

❗私を君の性格に合わせせろということ？

同じく学生気分の抜けない若手社員がつい口にしてしまうのが、「それって、私のキャラじゃありませんから」だ。

私の勤める大学の学生たちも、「キャラ」という言葉をよく使っている。「あいつのキャラじゃ、そんなこと、無理ですよ」「あいつ、キャラが弱いから」などと、仲間内で使っている分には、問題ない。問題は、教員や外部の人に何かをするよう指示を受けたときだ。「それは、私のキャラじゃありませんから」と断る学生がいる。

当人たちは「キャラ」という言葉に慣れていて、使いやすさを感じている。そこで、「キャラじゃありませんから」と言っているのだろうが、社会人であれ学生であれ、このような言葉は傲慢《ごうまん》なイメージをふりまく。

オフィス内で言った場合、上司からの仕事の指示を断っていることになる。これ自体が、傲慢だ。部下が上司からの仕事の指示を断るのは、自分は上司以上の存在であると公言しているようなものだ。これでは、「何様」と思われてもしかたない。

しかも、「キャラじゃない」という言葉は、「そういうことをするのは柄ではない、性格に合わない」と言いたいのだろうが、それは自分のキャラ、つまりは性格を認めろと言っているようなものだ。

自分の性格を認めろというのは、自分の性格を絶対視している裏返しだ。自分の性格は変えようがなく、それなりに愛着があるから、自分の性格に合わないことはしたくないと言っていることになる。かりに自分の中でそう思っていたとしても、それは他人には関わりのない話だ。他人に対して、自分の性格を認めろというのは、傲慢でしかない。

たしかに、対人関係が苦手そうで、声も暗い人物に電話仕事を頼むのは、適材適所とは言えないかもしれない。それでも、社会人なら仕事をこなさねばならない。「自分のキャラじゃない」と断ったのでは、傲慢な奴に見られてしまう。

また、実際はデキるのに、「キャラじゃないから」と断っていると、傲慢度も甚だしくなる。オフィスで、自分の居場所を失うことにもなりかねない。まずは「キャラ」という言葉を控え、依頼された仕事にはチャレンジしてみてはどうだろう。

「いまどき流行りません」

!自分の価値観を振り回していないか

企画会議で、若手社員が上司によく指摘する言葉の一つが「いまどき、それは流行りませんよ」だ。

こう言われると、上司としては困ってしまう。たしかに、年齢を重ねてくると、流行にしだいに疎《うと》くなる。流行に関心を持っているつもりでも、すぐに流行が変化すれば、流行をとらえきれなくもなる。上司は「え？　では、最近はどんな物に関心が持たれているんだ」と尋ねるしかない。

若い社員はちょっとした優越意識を得られるかもしれないが、暴走は禁物だ。上司や先輩のプライベートにまで、この言葉を使ったのでは、今度は「何様」扱いされることになる。家では相変わらず固定電話を使っている、車に凝っている、何かと手書きにしようとする。そんな上司の様子に「いまどき、そんなことをしている人はいませんよ」「いまどき、流行りませんよ」と言ったのでは、反発を買う。

プライベートの部分で、「いまどき、そんなことをしている人はいませんよ」と指摘するのは、**自分の価値観をむりやり押しつけるに等しい。自分の価値観に基づいて、それに反する人はすべて時代遅れで劣ったものとみなしていることになるからだ。**

仕事では流行をキャッチすることは重要かもしれない。しかし、私生活ではそうではない。私生活にあっては、流行を追うのも、まったく無関心であるのも、その人の自由だ。流行に完全に乗り遅れていても、それは非難されることでも、馬鹿にされることでもない。そもそも流行っていないものを好んでいるとすれば、それは意識的にそうしているのであって、人様にとやかく言われることではない。

それなのに、流行っているものがよいものであるという価値観を振り回すのは、あまりに表面的だ。多様な美学、価値観がある中で、流行っているものこそが美しいと断定するのは、むしろ教養のなさを示している。

上司がプライベートがいかに時代遅れに見えても、ここは立ち入らないことだ。下手に立ち入ると、むしろ底の浅い人間だとみなされてしまう。

#「どうせ課長は、部長に何も言えないんでしょ」

!組織のことがわかっていない若造にからかわれるなんて

同僚たちとの飲み会などで、「うちの課長さ〜、部長には何も言えないんだよね」「うちの課長、部長の言いなりすぎなんじゃない？」などと、つい言ってしまったことはないだろうか。あるいは、直接、課長に「どうせ部長には何も言えないでしょ」と思わず言いたくなってしまったことはないだろうか。

たしかに、これは本音だろう。ビジネスの現場では、下でまとまった意見や企画が、上に回されたところで潰《つぶさ》されることはしばしばある。まったく、見てもらえないことだってある。課内でまとめあげた企画や意見が部長のところでズタズタにされるさまを何度も見ていれば、こうもグチを言いたくなる。あるいは、「課長はすぐに部長に負けるから」とも言いたくなる。

課長が課内でエラそうにしていると、なおさらだ。部署では部下に厳しいのに、上司にはすぐに腰砕けになってしまう課長を見ていると、ますます「どうせ、課長は何も言えないんでしょ」と口にしたくなる。

だからといって、この言葉を口にしてしまったのでは、あまりに尊大に映る。課長の体験している現場の苦悩を完全に無視して、課長の無力ぶりを皮肉っぽく揶揄《やゆ》しているだけだからだ。たとえ、課長でない者でも、そんな言葉を聞けば、鼻白む。「いったい、こいつは何の権限があって、こんなエラそうな言葉を言えるのか」と反感を持たれることになる。

もし、飲み会の場で本音を多少語りたいのなら、苦労を分かち合っているスタンスを示すことだ。「課長も部長に言われたなら、言い返せなくなりますよね」「部長相手には、課長も苦労していらっしゃるようですね」などと言うなら、「何様感」はない。

また、「どうせ部長は課長に負けるんでしょ」といった言葉を同僚や後輩が言ったのなら、ここは課長をかばっておくのが望ましい。「そうは言っても、課長も大変だと思うよ」「上に意見を通すことは、並大抵じゃないらしいよ」などと言っておく。課長に同調するわけではないが、課長の苦労もわかるという言い方をすれば、自分の意見もそれとなく主張できたことになる。

#「出典は何ですか?」

!上司の仕事を杜撰だと言いたいのか?

会議で、「いま、テレビを見ない人が増えています。だからこれからの広告作戦として「このところ、日本のホラー小説は以前ほど売れなくなっていて、そこから言えるのは」などと語る人がいる。いまの状況を語り、そこから自分の考えを述べるという手法は一見、説得力があるが、ときどき木っ端微塵《こっぱみじん》に打ち破られる。出席者から「その話の出典は何ですか」と質問されたときだ。じつは、データに基づいた話ではなく、自分の勝手な想像で現状を述べているケースもある。そんな場合、「出典は何ですか」は、相手の理論を打ち破る知的な手法といえる。

私自身、学生らを相手に「出典は何?」とよく尋ねる。答えに窮する学生も少なくなく、学生を勉強に向かわせる一つのきっかけにもなる。

だからといって、誰にでも「出典は何ですか」と尋ねていいというわけではない。相手によっては、傲慢に響く言葉になりかねない。

とくに上司相手に、「出典は何ですか」と尋ねるのは危険だ。上司相手に「出典は何ですか」と尋ねると、上司は自分が杜撰《ずさん》な仕事をして、いい加減な話をでっちあげていると指摘されているような気になりかねない。

かりに、本当に杜撰であればいっそう上司はカチンとくる。オフィスでは、上司が部下の仕事を評価することはあっても、部下が上司の仕事を評価するのは、ありえない。**「出典は何ですか」は、部下が上司の仕事内容を管理しているようなイメージがあり、よほど人のできた上司でなければ、おもしろくないと感じるだろう。**

きちんとデータに基づいて仕事をしている多くの上司の場合、なおさらだ。「当然の仕事をしているのに、なぜいちいち尋ねてくるのか。お前はいつからそんなにエラくなったんだ」と不快に思う。一言多い「何様」な部下と思われてもしかたがない。

もし、上司のデータの扱いに疑問を持っても、それをすぐには指摘しないことだ。まずは、自分でデータを探してみる。探していくうちに、たしかに上司の引用したデータに巡りあうこともあるだろう。そのときは、「さすが、こんなところに目をつけていたのか」と感心すればいい。**上司の使ったデータが見つからない場合、「私の探し方が悪いため、指摘された内容のデータが見つからないのですが」と言って確認すればいい。**

「そんなにムキにならなくてもいいじゃないですか」

！私たちを小物扱いするの？

会議などで意見がいろいろに割れて、大騒ぎになることがある。「その案では、先細りだ」「いや、いまは先細りであれ、この案件でつなぐしかない」「いや、この案件を変えるなら、強力になる」などと激論になる。ときとして感情的にもなれば、合理的な考えからほど遠くなることもある。こんなとき、皆をたしなめるつもりで、「そんなにムキにならなくてもいいじゃないですか」と言う人がいる。あるいは、「そこまで騒がなくてもいいでしょう」と、落ち着きを促す人もいる。

たしかに、冷静な目で見れば、こうも言いたくなるだろう。冷静に突き放して見れば、もっと理性的にも考えられるし、事態を収拾もできる。だからといって、こうした言葉を口にしたのでは、周囲の反感を買うだけだ。そこに、相手を小馬鹿にした響きが感じられるからだ。

まずは、「ムキ」という言葉に上から目線の雰囲気がある。ふつう、ムキになるのは烏《う》合《ごう》の衆《しゅう》である「小物」のすることだ。相手に「ムキにならなくても」と言うのは、相手がムキになっているのを認めていて、彼らを小物の集まり、烏合の衆だと言っているようなものだ。

さらに、**「冷静になりましょう」という言い方は、物事を高みから観察しているように響く。**当人は雲の上にいる孤高の人のようなイメージとなり、周囲を孤高の人にとうてい及ばない馬鹿扱いしたことになる。

上司が熱くなりすぎた部下をたしなめるとき、「そんなにムキにならなくてもいいだろう」と口にするならまだいい。上司は上の立場であり、孤高の人になっても、さほどの問題はない。問題は、部下が上司や先輩、同僚に使ったときだ。言った部下は上司や先輩、同僚よりも高みにあるイメージが強くなり、勘違いな奴と思われる。

もっとも使ってはいけない場面は、上司に怒られているときだ。上司にそんなに怒らなくてもいいじゃないですかと言いたいのだろうが、上司は怒る場面と認識しているから、怒りをぶちまけているのだ。**自分の失敗、ミスを棚に上げた言い方であり、仕事をまったくわかっていない奴と思われ、さらに怒りを買うことになる。**

「私の仕事ではありません」

❢よかれと思って割り振った仕事を蔑ろにするなんて…

会社というのは、人材を見抜き、人材に合わせて仕事を振り分けるのが原則だが、ときには、そうでないこともある。上司から依頼された仕事が、自分の専門とする領域とは違うことはよくある。こんなとき、率直に「それは、私の仕事じゃありません」「それは、私の専門外です」と断る部下がいると聞く。

当人は信頼している上司に対して、謙虚さを見せて自分の本音を明かしたつもりかもしれない。だが、上司がそう受け取るとは限らない。身勝手でわがままな部下であると、否定的な評価をくだすことになりやすい。

「私の仕事じゃありません」「それは、担当外です」は、自分の守備範囲を勝手に固定してしまおうという言葉だ。それ以外は「やらない」と宣言しているようなものであって、上司はその勝手な宣言を攻撃的な傲慢さを感じ取りかねない。

上司が「よかれ」と思って、仕事を割り振ったときには、なおさらだ。**上司は部下の可**

能性、視野を広げてやろうと思って、わざと担当外の仕事を割り振ることもある。それを「担当外」と断ったのでは、上司の善意を蔑《ないがし》ろにしたも同然だ。

これは、上下関係に関係なく、ビジネス一般にいえる。私の後輩に、翻訳を生業としている者がいた。ある時期、彼は仕事に恵まれず、困っていた。偶然、私の知っている会社に短い雑文の翻訳仕事があったから、私はその仕事を彼に勧めたことがある。金銭的には物足りないだろうが、その会社とつながりができるのは悪いことではないだろうと思ったからだ。

私は、当然、喜んでもらえるだろうと思っていた。ところが、彼の返事は「その分野の仕事はしたことがないので自信がない。遠慮したい」といった内容だった。

私にも配慮が足りなかったのかもしれない。だが、目上の人からの仕事の依頼なら、たとえ自分の領域外と思っても、時間の許す限り引き受ける方向で考えるべきだ。仕事の出来が思ったほどでなければ、上司も向き・不向きを考えるようになる。思ったよりうまくできたなら、自分の可能性を広げたことになる。

知人相手に断るときは、「いまは忙しくて、申し訳ないが」と断ったほうがいい。たとえ忙しくなくても、あとは察してもらえるはずだ。

「なんで、私ばかり!?」

!私は仕事ができるというアピール?

オフィスで、上司に雑用をあれこれ命令されたときなど、思わず、「なんで、私ばかりがやらなければならないんですか」と言いたくなることがあるだろう。言いたくなる気持ちもわからないではないが、ここは何も言わずに引き受けるのが望ましい。言ってしまっては、上司から尊大な奴と受け取られてしまうかもしれない。あるいは、上司から「仕事を頼みにくい部下」と思われかねない。

上司がちょっとした仕事をある人物に集中して頼むのは、その人物が優秀だからだ。たんなる雑用をこなすに当たっても、優秀な部下とそうでない部下とでは、仕事の出来が違う。仕事の出来をよくしようと思うと、上司はつい優秀な人間にあれこれ仕事を頼んでしまう。もちろん、上司も、その人物に仕事が集中しすぎて、忙しいことくらいわかっている。それでも、仕事をつい依頼してしまうのは、会社の宿命のようなものだ。

それなのに、「なんで、私ばかりが」と言うと、**せっかくの上司の信頼を裏切ることに**

なりかねない。遠慮がちに、「ほかにも、こんな仕事をしている最中で、ちょっと、そこまでは手が回りませんが」などと言うのならいいが、そうでないと、傲慢に映ってしまう。

この言葉は、ときにいっそう傲慢に受け取られることがある。それは、仕事を命じられた部下が、そのようなからくりを知った上で使っている場合だ。有能だと自任している人間がわかった上で、「なんで、私ばかりが」と言ってしまうと、「無能な奴に仕事を回して、優秀な自分を少しは休ませろ」という意味にとられてしまう。**本人にはそのつもりはなくても、自分の優秀さを周囲にアピールしていることになってしまう。**

とりようによっては、優秀だから、ちょっと甘えてもいいだろうという、鼻持ちならないエリート意識の表れになってしまいかねない。

さらに、この言葉をいざ出してしまうと、愚痴にしか映らない。愚痴を言う人間が、オフィスで評価を下げるのは言うまでもない。

上司から仕事の依頼が集中したとき、まずは仕事をもらえるだけありがたいと謙虚な気持ちになってみることだ。**どうしても時間がないときは、「いまの仕事にはこれだけ時間がかかり、この部分を助けてもらえませんか」と具体的な形で上司に相談するようにすればいい。**

「えっ、まだやるんですか」

！ここから先が本当の仕事だろ

仕事の目鼻がついて、「やれやれ、これで終わりそうだ」というときなど、「まだ、この部分の詰めができていない」「ここは、もっと時間をかけよう」などと言いだす上司がいる。こんなとき、「えっ、まだやるんですか」と言いたくなる人も多いだろう。

たしかに、これ以上、あれこれいじっても時間の無駄にしかならないかもしれない。だが、だからといって、「えっ、まだやるんですか」という言葉を口にしたのでは、その瞬間、周囲をシラけさせ、だらしのない印象を与えかねない。言われた当人からは、**仕事をなめている尊大な奴とも受け取られてしまう。**

実は、私自身、この言葉をしょっちゅう言いそうになっている。とくに、大学の様々な会議では、そう口について出そうになることがある。しばしば私にすればどちらでもいいことを巡って、延々と議論がなされることが多い。

こんなとき、私は自分を戒めるしかない。会社社会であれ、どんな集団であれ、オフィスであれ、何かささいなことにこだわっているように見える人間はいるものだ。こだわっているのは当人だけということもあるが、そのこだわりが実は重要なのだ。ある部分を徹底的にこだわったことが、売れるか売れないかの違いになることは少なくない。

こんなとき、こだわっている当人は、過去にささいな部分で苦い経験をしていることもあるだろう。その経験があるから、取るに足りないような小さな問題が大きな問題に見えるのであって、そのこだわりが会社を左右することになる可能性もある。

仕事とこだわりのそうした因果関係を知っていれば、当人のやる気を奪うような発言はできない。**当人のやる気を奪うことは、会社の損失にもなるわけだから、ここは黙って、つきあうしかないのだ。**

相手が上司なら、なおさらだ。上司には豊富な経験もあれば、ビジネスマンとしての直観力も若者よりも鍛えられている。上司に「えっ、まだやるんですか」と言ったのでは、仕事をわかっていない奴ととられてしまう。上司がまだまだ仕事を掘り下げようというのなら、徹底的につきあって、仕事の奥深さを経験するいいチャンスと捉えるようにするべきなのだ。

「それくらいわかってます」

❗あえて基本的なことを説明しているのに、わかってない

上司や先輩が、部下や後輩に仕事の説明をしているとき、上司や先輩をカチンとさせる一言が、「それくらいわかってますよ」だ。「それくらいわかってますよ」と言った当人は、本当にわかっているつもりなのだろう。自分は一人前扱いしてほしい、デキない人間と見くびられたくない、そんな気持ちから「それくらいわかってますよ」と口にしてしまうのだが、期待どおりの効果は得られないことが多い。それどころか、無知なくせに、傲慢な奴と思われてしまう。

上司や先輩が丁寧に説明するのは、一つには基本を重んじるからだ。基本を蔑《ないがし》ろにすると、つまらない失敗をしがちだ。また、基本知識がしっかりしていないことには、応用知識もつかない。その辺を慮《おもんぱか》って、あえて丁寧に説明している。

あるいは、その仕事に落とし穴が潜んでいがちだからというケースもある。いつもと同じ要領でやってみたら、失敗することが多々ある。そのため、説明がくどくなることもある。

「それくらい、わかってますよ」と言う部下や後輩は、そのあたりの配慮が見えていない。それは、裏返せば、自分の能力をつかみきっていないことになる。**自分の能力を正確にはかれず、自分を実際よりも高く評価してもらいたくて、つい言わなくてもいい言葉を言ってしまう。**

それでも、このあときちんと仕事をこなせるならまだいい。「あいつも進歩しているな」という目で見られるが、多くはミスをしでかしがちだ。そうなると、人の話もきちんと聞かず、エラそうなことを言っている奴と思われてしまう。

本当に能力のある人が、「それくらいわかってますよ」と言うことは少ないだろう。まずは、わかっている人物には、信頼が置かれているから、誰もいちいち言わない。あえて何か指摘を受けても、黙って指摘にうなずくだけだ。

逆にいえば、「それくらいわかってますよ」と言う人は、実力のない人の場合が多い。実力がないから、凡ミスを犯す。その凡ミスを、その人はたまたまの不注意によるミス、いわゆるケアレスミスと見なしているのかもしれない。「俺は実力はあるのに、ケアレスミスに泣かされている」と言って自分を慰めているのだろう。だが、ケアレスミスをしでかすのは、実力がないからということに気づいていない。

このことは、学生たちを見ていてたびたび実感する。たとえば学生時代、英語の三人称単数現在を受ける動詞の最後に「ｓ」をつけ忘れたり、名詞の複数形の最後に同じく「ｓ」を忘れたりしたことはあるだろう。あるいは、数学で初歩的な計算ミスをしたこともあるだろう。

自分が学生のころは私はこれらをたまたまのミスと思っていたが、学生らを教えているうちに違うことに気づいた。ケアレスミスをしでかす学生は、基礎力に欠けるのだ。基礎力がないから、同じような凡ミスを繰り返す。基礎力のある人は、そうは凡ミスをしないし、一度ミスしたら、もう二度と同じようなミスはしない。

実際、高校、大学と進学し、確実に実力をつけてきた人なら、中学生のおかすようなケアレスミスはまずしない。基礎力をきちんとつけないまま、大人になると、相変わらず同じような凡ミスをしでかす。このことを、若者に理解してほしい。

ともあれ、「それくらいわかってます」とつい言ってしまう人には、まだ基礎力がきちんとついていないと思っていい。ここは上司、先輩の話を聞いて自分の足場を固めていくべきなのだ。

第4章

部下がやる気をなくす「ナニ様?」な日本語

「とりあえず、やっといて」

❢どうせできないと見くびってるの？

部下に仕事を依頼するときなど、「とりあえず、やっといて」と指示してしまう上司は多いようだ。とくに忙しいときほど、口にしがちだ。いちいち細かく指示するのも面倒だからと、つい言ってしまう。

上司からすればとくに問題がないと思っているだろう。後で上司が直すつもりでいるのかもしれない。上司が見た後でもう一度部下に修正を求めるつもりかもしれない。だが、そうは受け取らない部下も多い。上司に無能扱いされたような気になる部下もいる。

「とりあえず、やっといて」には、完璧なものを期待していないという響きがある。実際、上司にそうした気持ちがゼロではないのだろう。誤魔化しでもいいから、仕事をさせておこうという考えがこの表現にはある。そんな上司の考えが部下に伝わって、部下は真剣に取り組まなくなってしまう。

もしかしたら、上司が常にそのような物言いをするために、部下は慣れっこになっているかもしれない。いちいち気にしなくなっているかもしれない。だが、それが続くと何事もテキトーにこなす態度が常態化してしまう。そして、上司が投げやりなのが部下にも伝染して緊張感のない仕事場になっていく。

しかも、このような場合、上司はきちんとした指示をしていないことが多いので、部下の仕事の多くは上司の狙いからは外れたものにしかならない。その不出来な仕事をした部下を、上司が「まったくできていない」と叱ることもあるだろう。だが、それでは、部下はむくれてしまう。心の中では、「いい加減な指示をされて、どうしてよいかわからずに困ったのに、一方的に叱られるなんて理不尽だ」と反感を持っているかもしれない。

「とりあえず」は、居酒屋でも、何を飲もうか思い浮かばないとき使うくらいにとどめておくべきだ。居酒屋とオフィスを同じように考えてはならない。

上司が部下に仕事を頼むときは、完璧を期待しているという姿勢をとるのが望ましい。期待されているという意識が強くなれば、部下もやる気が出てくる。時間がなくて、「とりあえず」仕事を頼みたいときも、「とりあえず」とは言わない。**「いまは時間がなくて、細かい指示はできないが、あとでわからないことがあったら、相談してくれ」とでも言えばいい。**

「こうなるのは、最初からわかっていただろう」

！わかっていながら、黙って見てたんですか

部下が、失敗を報告してきたときなど、つい「こうなるのは、最初からわかっていただろう」と叱る上司の話をときどき聞く。ビジネスの場ではないが、私の場合、妻によく言っている。

たしかに、失敗に対してつい言いたくなる言葉ではある。が、言って得することはまずない。妻相手なら、このあと喧嘩《けんか》になるし、部下相手だと、恨みを買うだろう。

「こうなるのは、最初からわかっていただろう」と言ってしまうのには、三つのケースがある。

一つは、まさかこんな馬鹿なことをしでかすとは思わなかったケースだ。最初、おかしなやり方で仕事をやりかけるのを見ていたが、そのやり方では、どうやってもうまくいくはずがない。途中でそのことに気づき、誰かに尋ねるなり、自分で変えるなりして、修正をして当然だろうと思っていた。その思い込みが外れ、部下は本当に最後までおかしなや

り方で通してしまった。どうしようもない部下だと思って、つい「こうなるのは、最初からわかっていただろう」とけなしてしまうのだ。

二つめは、上司がまったく失敗を想定していなかったケースだ。おおまかな話だけを聞いて、「大丈夫だろう」と思っていたら、まったくでたらめな仕事であることがわかった。もっと最初からよく考えろという意味合いで、言ってしまうこともある。

また、ときには、まったく失敗することなど予想しておらず、失敗した後になって、失敗するのも当然だと考え直して、自己正当化のために、「最初からわかっていた」と言っていることもある。

いずれのケースにしろ、上司の鬱憤晴らしにすぎない。言われた部下のほうは、「わかっているなら、最初に忠告してくれたらよかったのに」と思う。

さらに、部下は劣った人間としてけなされることを悔しく思う。「こうなるのは、最初からわかっていただろう」と言うのは、上司がはるかに高い位置にあり、部下を見下しているイメージがある。その見下し方は尊大であり、部下はそこに強い反感を抱くようになっていくのだ。この場合、「こうすればよかったのに」とアドバイスを考えることだ。

「わかってる話はしなくていい」

!私の話を聞く気がないいんですか

部下が仕事の報告をしてきたとき、いちいち聞くのが面倒臭くなることがあるだろう。部下の説明が回りくどくて、イライラすることもある。だからといって、「わかってる話はしなくていい」と言ったのでは、部下から信を得られなくなる。

私の場合、大学でこの言葉を使ったことはないと思うが、家庭ではしょっちゅう使っているような気がする。妻があれこれ説明してきたときなど、もうその話を何度も聞いていることもあれば、常識ですぐに理解できる話もある。あまりに月並みな話もある。そんな話をいちいち聞いていると、時間の無駄だという気になり、面倒臭くもなる。そこで、つい「わかってる話はしなくていい」と言ってしまうのだ。

こう言ったあと、すぐに「しまった」と後悔することになる。妻は**自分の話を無視されたと思うし、プライドを傷つけられたように思う。**妻は感情的に反論をはじめ、あとはくだらない喧嘩にしかならない。

オフィスでも、同じことがいえる。部下は、きちんと話したほうがいいと思って、入念にしゃべったのかもしれない。あるいは、上司がそこまで理解しているとは思わなくて、くどいくらい念を押したのかもしれない。いずれにせよ、部下は真剣に話したつもりなのに、あっさり「話さなくていい」と突き放されたのだ。

部下は妻と違って、上司に反論することはそうできない。その場は「わかりました」と言うだろうが、内心では話を半ば無視され、まともな報告もできない無能扱いされたと、むくれてしまうこともあるだろう。

そんなわけだから、部下の話がくどいと思っても、「わかってる話はしなくていい」と突き放すのは避けるのが望ましい。**どうしても、相手のくどい説明にイライラするときには、部下の話を先読みして、「つまり、こういうことを報告したいんだね」と話をまとめてしまえばいい。**部下にすれば、うまい言葉が見つからず、話がくどくなっているケースもあるから、話をまとめてもらえば、助かる。さらに、「こんなふうに話をまとめればいいのか」と勉強にさえなるだろう。

もちろん、まとめた話と部下の言いたかったことが違うことはある。「いいえ、そこは違います」と言われたなら、「どう違うのか」と部下の説明に耳を傾ければいい。

「だから、ダメなんだ」

！私の人格すべてを否定するんですか

上司は、ときに部下を叱らねばならないことがある。「この仕事はダメだぞ」「遅れては、ダメじゃないか」などと「ダメ」をよく使う。「ダメ」は便利な言葉だ。とはいえ、「だから、お前はダメなんだ」と部下を叱ると、相手はかなり傷つき、反感を覚えることになる。「だから、お前はダメなんだ」は、たいていは出来のあまりよくない部下を相手にして言う。上司としては、自分がイラついていることをわからせようと思って言っているのだろうが、言われる側からすれば、「何様」な日本語でしかない。

私自身、「だから、お前はダメなんだ」をときどき使う。学生や社会人相手に使ったことはないが、娘に対してよく言っている。もちろん基本的には私は娘をよくできた子と思っているのだが、娘には至らぬところも多い。時間にルーズ、しなければならないことをしないでわがままなことを口にする。ふだんからそんな様子なので、娘が何か失敗をすると、つい「だから、お前はダメなんだ」と言ってしまう。

先日も、娘が運転していた車が道路標識に接触して修理費に数十万円かかるとぼやいていた。ちょっとした事故は誰にもありがちなので、それだけならとくに怒りはしない。だが、性懲りもなく、二度目にもまたかすってしまったという。娘の接触の根本原因がふだんのいい加減さにほかならないことを思い知らせようとして、私は「だから、お前はダメなんだ」と言ってしまった。これは売り言葉に買い言葉で、喧嘩にしかならない。それを知りながら口にしてしまうから、私自身も大人げないと思う。

「だから、お前はダメなんだ」が高慢な言葉になってしまうのは、相手の人格を否定してしまっているからだ。

「だから」の前にあるのは、お前は「すべてに劣っているから」「すべてにだらしないから」「ふだんからきちんとしていないから」などだ。人格にもともと問題があるから、一事が万事で、つまらない失敗をすぐにしでかすと言っているようなものだ。こんな言い方は、高慢だし、不毛でもある。自分は傲慢な奴と思われ、相手を感情的にしかしない。

もちろん、「ダメ」という言葉がすべて悪いわけではない。**具体的にどこがダメなのか言ったほうがいい。**「君のダメなところは、ときどき注意力に欠ける点だ」「ときどき論理を飛躍させるのが、ダメなんだ」などと言うのは、本人のためでもある。

「あいつは昔、面倒をみてやった」

！その人がいま活躍しているのは、先輩のおかげですか？

かつての後輩の活躍を耳にしたときなど、周囲に向かって、「あいつは昔、俺がけっこう面倒をみてやったものだ」と言う人がいる。かりにそれが事実であったとしても、こう言ってしまったのでは、周囲からは「何様」視されることになる。

周囲から「何様」扱いされるのは、一つには「昔、面倒をみてやった」に、親分・子分の意識が表れているからだ。それが、傲慢にも感じられる。

たしかに、かつて後輩が駆け出しの時代には、面倒をみてやったかもしれない。が、その人が活躍をはじめたのは、それから後のことだ。自分なりの努力をすることで、周囲から一定の評価を得られるようになったわけで、先輩はそのあたりには大きな関与をしているとは限らない。兄貴・弟分の関係でさえずっと過去なのに、古い話を持ち出して、悦に入っているから、鼻持ちならない。

また、周囲は、すでに二人のことを対等の関係にあると思っているかもしれない。教えた・教えられたの時代は終わり、オフィスの中で競争・協力をしていく仲間と思っているわけだ。**いまは年功序列が崩壊し、年齢ではなく、能力で勝負する時代だ。先輩・後輩の関係はあまり意味を持たない。それなのに、そこに親分・子分意識を持ち出すと、派閥意識さえ見えてくる。**後輩は自分の派閥の一員であると言いたげに見えて、これまた傲慢で鼻持ちならないイメージとなる。

加えて、「面倒をみてやった」は、恩着せがましい。まるで後輩に対して、いつまでも自分を尊敬してほしいと言いたげだ。しかも、**周囲の人にまで自分に対して敬意をもって接するよう求める心がすけて見える。**

こんな「何様」な言葉を先輩がつい言ってしまうのは、先輩というのは、後輩をいつまでも子分か弟分のような目で見てしまうからだ。親離れ・子離れという言葉があるように、いつかは親分・子分関係を卒業しなければならないのに、自分が優越的であった時代の感覚に縛られたままなのだ。

そんなわけだから、後輩が一人前になった時代で、先輩・後輩意識を捨ててしまったほうがいい。先輩意識さえ捨ててしまえば、「何様」意識もなくなる。後輩の過去の話をしたければ、**「あいつは、昔から見どころのある奴だった」で十分だろう。**

「いまやるべきなのは、そんなことじゃない」

!いくら上司でもプライベートにまで口出ししないでください

自分のチームの業績が上がらないと、上司はイライラしてくる。部下が小説や漫画本を持っているのを目にしただけで、ムッとくる。休憩中に読んでいるにもかかわらずだ。つい「お前がいまやるべきなのは、そんなことじゃないだろ」と言ってしまう。要は、「空き時間に小説や漫画を読むんじゃない、もっと仕事に時間を使え」と言いたいのだ。

たしかに、上司の気持ちはわかる。私は文学好きで、ときに芥川賞受賞の小説なども読むが、そんな私でも、仕事が切羽詰まっている時期に、部下が昼休み中に文学作品を読んでいるのを見つけたなら、「お前がいまやるのはそんなことじゃないだろう。今、芥川賞の小説を読んで、何の役に立つんだ」と言うだろう。けれども、この言葉に部下が納得することはない。空き時間には、何をやろうとその人の勝手だ。空き時間に何をすべきかを命令するのは、プライベートに立ち入るようなものだ。プライベートに立ち入ったのでは、たとえ上司であれ、尊大に思える。

また、上司には仕事に結びつかない読書であっても、部下からすれば、視野を広げる作業になっている。あるいは、感性を高める時間にもなっている。広い視野、豊かな感性は、人間としての幅を広げ、将来もっと大きな仕事に結びつく可能性がある。その可能性を無視している上司に対して、愚かさも感じる。

加えて、「お前がいまやるのは、そんなことじゃないだろう」には、**効率第一、お金第一の臭いが漂っている。これに、部下が反感を持つ。**

私自身、かつては妻から「そんなことをして、いったいいくらになるの？」とよく言われた。当時の私は、専門書の翻訳など、苦労の割に経済的に報われない仕事ばかりしていた。そんな私に「あなたのやっていることは、お金にならないことばかり」と怒っていたのだ。実際、やりくりに苦労していた妻の気持ちもわかるが、「金の話ばかりするお前は、いったい何様なのか」とムッときたものだ。

「お前がいまやるのは、そんなことじゃないだろう」と言いたくなっても、ここは我慢して知らない顔をすることだ。部下のいま読んでいる本が将来役に立たなくても、関心を増やしていけば、それは仕事人生の肥やしになる。私自身、お金のない時代にしていたことは、いまの肥やしになっていると思っている。

「本当にわからないの？」

！私がデキないのを弄《もてあそ》んで楽しいですか

のみ込みの悪い部下や後輩に対して、上司や先輩はイライラすることがある。これだけくどいほど説明すれば、誰しも理解できるはずなのだが、理解していそうもない。ある程度の会社になれば、それなりの人材を採用しているはずなのだが、例外とも思えるくらい理解力が足りない。

そこで、皮肉をこめて「本当にわからないの？」と言ってしまう上司や先輩がいる。私自身もよく使ってしまうのだが、言われた側は「何様」と反発するだけで、使わないほうがいい言葉の一つだ。

私が「本当にわからないの？」と言ってしまうのは、学生相手のときが多い。私の教える大学には、もちろん優秀な学生も多いが、中にはそうでない者もいる。私としてはこれ以上わかりやすく説明のしようがないほど、嚙み砕いて、やさしく説明している。ところが、理解している様子がない。同じことを何度説明しても、何を言っても、反応もないので手の打ちようがない。こちらから質問して答えさせようとしても、的外れなことしか返ってこない。私も匙《さじ》を投げたくなって、つい言ってしまうのだ。

私としては、挑発しているつもりでいる。「なにくそ！」と思って、しっかりと自分できちんと理解してほしいと思っている。だが、学生のほうはそうは思わないのだろう。きっと、学生はそこに軽蔑のニュアンスを受け取っているのだろう。

考えてみれば、挑発のつもりであったとしても、「本当にわからないの？」と言われた側は、おもしろいはずがない。たしかに理解できない自分は責められてもしかたないと思っているかもしれないが、責めにも限度がある。いくら上司、先生からでも、限度を超えた責めでは、下の者は「いったいどんな権限があって」と思う。ダメな奴とレッテルを貼られたようなもので、「何様」と嫌気を感じることになるのだ。

こうした場合、**「何様」と感じた人物が「見返してやろう」と奮起するケースは少ない。**それだけに、言っても無駄な言葉であり、言わないに越したことはないと、私も自戒はしている。

「これ、検索しといて」

❢私は上司の意図まで読み取るロボットじゃありません

何かわからないことが出てきたとき、あれこれデータを調べたいとき、いまやインターネットで検索するのが当たりまえの時代になってきた。上司とてネット検索によっておおまかなところを把握していかねばならないが、時間のないときもある。つい、部下に「これ、検索しといて」と依頼することもあるだろう。

これが、年に一度や二度ならしかたない。部下も「わかりました」と快く引き受けてくれるだろう。だが、たびたびとなると部下は、しだいに「何様」と思うようになり、上司から離反していく。

「これ、検索しといて」の連発が**「何様」に思われるのは、部下を便利なロボット扱いしているからだ。**指示した当人は、検索くらい簡単にできるだろうと思っているかもしれない。誰がやっても同じような検索結果になると思っているかもしれないが、そんな簡単なものではない。どう検索するかによって、結果が違ってくる。それは、自分で検索をやってみればわかる話だ。

何を探り当てたいのか、どんなデータを求めているのか、部下はそこを読みつつ検索していかなければならない。そのことを想像せずに「これ、検索しといて」と指示しているのだから、よほど人のよい部下をのぞいて、「俺は上司のためのロボットか」という思いを禁じることはできないだろう。

それでも、上司の求める検索結果が出てくるなら、まだいい。検索結果を見た上司が「こんな検索結果を求めているわけではない。いったいどんな検索をしたら、こんな結果が出てくるんだ」と怒ったりしようものなら、部下の反発は大きくなる。

上司が部下に仕事を指示するのは当然だが、検索に関しては気を使う必要がある。基本的には、上司自らが検索することだ。でないと、物事の大枠がつかめない。もし依頼するなら、自分の考え、何を求めているかを部下に伝えておくことだ。それも、たびたびは依頼しない。

上司がたびたび検索を依頼してくるようなら、部下も対応を変えたほうがいい。**「私の判断で調べていいんですか」「私の思いどおりに調べていいですか」と切り返すなら、上司は安易に頼んではこなくなるはずだ。**

「子どもの使いじゃないんだから」

❗人を無能扱いして楽しいですか

部下や後輩がミスをしでかしたとき、先方の言いなりになって帰ってきたときなど、つい、「子どものお使いじゃないんだから」「子どもの使いじゃあるまいし」「小僧の使いじゃないんだぞ」などと、叱り飛ばしてしまう上司がいる。

たしかに、部下の仕事は要求された水準に達してはいない人を叱りたくなる気持ちはわからないでもない。私自身、何度もこの言葉を口にしたくなったことがある。

ある出版社の編集者と企画を相談して、この線で書籍化しようと決めた。ところが原案を社に持ち帰り、編集会議にかけたらうまくいかなかったらしい。編集会議で指摘された点を私のところに持ってきて、ふたたび私と相談する。ところが、次に私の示した案もまた編集会議で問題点が指摘され、私のところに向かう。その編集者はまるで伝書鳩のように会社と私の元を往復するだけで、自分では何も考えようとしない。私と話しているときには、私の案にもろ手を挙げて賛成し、納得するだが、きっと編集会議でも同じように上司の意見に納得しているのだろう。

私は思わず「子どものお使いじゃないんだから」と言いたくなった。だが、それを口にしても、ストレス解消にはなるだけで、よいものは生まれないので、ぐっと抑えたのだった。

「子どものお使い」と言われたら、部下は屈辱を感じてしまう。上司から仕事を満足にこなせない子どもや小僧と同然に扱われている。

上司風を吹かせた気になってこう言えば、部下への圧迫はさらに強いものになる。地位を笠に着た恰好になっているから、部下はますますおもしろくない。

しかも、それを聞いた上司の上司からも、「何様」と思われかねない。たとえば、部長クラスからすれば、主任や係長はまだまだ青い。たいした経験もないくせに、部下には「子どものお使いじゃないんだから」といっぱしの上司風を吹かせるさまは、思い上がっているかにも見える。

家庭でも、「子どもの使いじゃないんだから」を言う人は多い。だが、どんな場面であれ、避けたほうがいい言葉なのだ。

「これは、簡単な仕事だと思うんだけど」

！なぜ私をそんなに蔑むの？

近年はやや冷たくなったとはいえ、日本の会社社会では、先輩は後輩に手取り足取り教えてきた。のみ込みの悪い後輩相手にも、何度も教えて、一人前にしてきた。だが、なかには「何様」な先輩もいる。「これは、簡単な仕事だと思うんだけどなあ」とぼやいてみせる先輩も、その一人だ。「なんでこんな簡単なことができないんだ」と嘆いてみたり、「これは簡単にできるでしょ」と言ってみたりする。

たしかに、ぼやきたい、嘆きたい先輩の気持ちはわかる。何度やってもできない後輩に接していると、イライラする。自分の教え方が悪いかと思うと、そうでもない。ならば後輩の能力に問題があると思ってしまう。そこで、当てこすってしまうのだ。

そこには、意地悪な気持ちが働いていないとは断言できないだろう。何度やってもできない後輩に対して蔑みの気持ちが強くなり、辱《はずかし》めてやろうとつい思ってしまう。そこで、「これは、簡単な仕事だと思うんだけどなあ」と言ってしまう。

先輩には、優越感に浸りたい気持ちもあるだろう。モタモタしている後輩と違い、自分ならこの程度の仕事を朝飯前にこなせる。自分の仕事能力がすでに一人前に達していることを、周囲にそれとなくアピールしたくて、この言葉を口にしているケースも少なくないだろう。

「これは、簡単な仕事だと思うんだけどなあ」は、蔑みと優越感の交ざった言葉であり、先輩の感情は後輩に痛いほど伝わる。後輩は、「できないのは申し訳ないが、そこまで意地悪な言葉を言わなくてもいいじゃないか」といった感情に支配されていく。さらには、「ちょっと仕事ができると思って、いい気になっている嫌な先輩」とも思う。

じつのところ、仕事ののみ込みの悪い人は、要領の悪い人であるケースが少なくない。要領の悪い人は、ひとたび一つの事柄をモノにすれば、その分野のエキスパートにもなる。のみ込みの悪い後輩がかなりのエキスパートになる可能性はあるわけで、そうなったとき、その先輩はバツの悪い思いをするだろう。

「これは、簡単な仕事だと思うんだけどなあ」と言われた後輩は、黙っていることはない。黙っていれば、ますますなめられる。「先輩には簡単かもしれませんが、私にはむずかしいのですが」と言えば、十分な反撃になる。

「融通きかせろよ」

！ただ押しつけられても困ります

オフィスでは、仕事を次々と片付けなければならずに大混乱になることがある。そんなとき、機転のきく人が何人もいるとじつに頼もしい。

逆にいえば、機転のきかない人は、悪い意味で目立つことがある。若い社員の場合、上司や先輩からの指示がないことには、どうしていいかわからず、つい棒立ちになってしまう。そんな姿は、上司や先輩からすれば苛立《いらだ》たしいものだ。もっと自分で考えて動いてくれればいいのにとつい思って、要らぬ一言を口にしてしまう。「それが、融通きかせろよ」だ。「もっと機転をきかせろよ」と言う人もいるし、「もっと頭を使って、動いてくれ」と叱責する人もいる。

たしかに、上司や先輩がそう言いたくなる気持ちはわからないでもない。「いつまでも新人じゃないのだから」と思えば、なおさら言いたくなるだろうが、これは「何様言葉」にしかならない。

というのも、上司や先輩は高みから無理難題を部下、後輩に吹っ掛けているように映るからだ。融通をきかせる、機転をきかせるという能力は、一朝一夕では身につかない。多くの経験を積み重ねることで、自然に身についてくることが多く、努力してすぐにできるようになるものではない。新人社員がいくら努力しても、できるものではない。**「融通をきかせろよ」と言うのは、できない課題を掲げて、できないからと叱るようなものだ。**部下や後輩は「そんな無理なことをすぐに押しつけられても、できない」と無力感にさらされ、上司や先輩を恨めしく思う。融通のきく上司や先輩から完全に見下されているような気にもなる。

さらには、なぜ具体的に指示をしてくれないのかと部下、後輩は訝《いぶか》しく思う。きちんと指示してもらえれば、若い社員でもなんとかこなせるのに、具体的な指示がないから、困り果てて棒立ちになっているのだ。具体的な指示も出せずに、一方的にエラそうに「融通きかせろよ」と言っていては、しまいには「じつは何も考えていない人」とさえ思われてしまう。

上司や先輩は「融通をきかせろよ」と言いたくなったとき、ここは我慢するのが望ましい。それよりも、**具体的に何をしてもらうかを考え、部下、後輩に指示していくことだ。**

「雑用ばかり押しつけられてさあ」

❗先輩の優秀さを認めろと言われてもねえ……

「雑用ばかり押しつけられてさあ」は、サラリーマンなら誰しも一度や二度口にしたことがあるはずだ。同僚同士が、こう愚痴を言い合うのは、問題ない。連帯意識を高めることにもつながる。ところが、「俺、雑用ばかり押しつけられてさあ」と後輩にぼやく先輩もいる。

当人が言いたいのは、ほとんどの場合、「自分は雑用を押しつけられるような人間ではない」ということだ。自分の能力は優秀で、すでに一人前の仕事ができるのに、上司は正しく評価していない。上司の目が節穴のため、もっとレベルの高い仕事のできるはずの自分に、誰にでもできる雑用ばかりが回ってくる、と言おうとしている。

当人はこうぼやくことで、後輩からは正当に評価されたいと思っている。雑用ばかりをさせられている自分をみっともないと思って、予防線を張っている場合も考えられる。いずれにしても、仕事のできる先輩だということをアピールしたいのだろう。だが、期待したとおりにはならないことのほうが多いだろう。後輩からは、バカなくせにエラそうな先輩と思われかねない。

中堅クラスになっても雑用ばかり押しつけられるということは、ほかに能力がないとみなされているか、上司の覚えがめでたくないかのどちらかだ。いずれにせよ、うまく立ち回れていないということには違いない。そこで、愚痴を言っても、それは負け犬の遠吠えと思われるだけだ。

「そうですよねえ。先輩がこんな目にあうなんて、上司は見る目がありませんねえ。先輩はもっと重要な仕事をするべきですよ」と部下が心から言ってくれるのならいい。だが、たとえ言ってくれたとしても、それが本音とは限らない。

先輩が「雑用ばかり押しつけられてさあ」と言っていいのは、自分と同等レベルの人間が何人も同じように雑用を押しつけられているケースに限る。この場合、上層部に問題がある可能性があり、特定の人たちにエコ贔屓《ひいき》によって、いい仕事が回されている可能性がある。同じような境遇にある者らを誘って、「あいつら、たいして能力もないのに、いいところばかり取りやがって」と愚痴を言うのは許されるだろう。

「そんな本、読んでも役には立たないよ」

❗私の価値観にケチをつけておもしろいですか

他人が読んでいる本は気になるもので、それがくだらない本と知っていると、つい一言も言いたくなる。「そんな本、読んでも役に立たないよ」などと言ってしまったことはないだろうか。

友だち同士でも言ってしまうが、先輩・後輩、上司・部下の関係でも口にしやすい。部下が出来の悪いビジネス書を読んでいると、「おいおい、そんな本ばかり読んでいると、一人前になれんぞ」とも言いたくなる。

言った当人は善意からだろうが、言われた側は悪意めいたものを感じる。まずは、自分の価値観を押しつけてきているからだ。

おもしろい・つまらない、役に立つ・立たないは、本人の主観だ。ある人には役立ってても、べつの人には役立たないと感じられるケースは多々ある。「そんな本、読んでも役に立たないよ」と言う人は、相手の価値観を無視し、自らの価値観を押しつけようとしていると言ってよかろう。

そこには、**自分の価値観のほうが相手よりもすぐれているという意識が透けて見えてくる。**たとえ上司からでも、仕事以外の世界の価値観でケチをつけられるのは心外で、ムッときてしまうのだ。

また、「そんな本、読んでも役に立たないよ」からは、相手に教えを垂れようとする意識も見えてくる。相手に教えてやるという意識は、じつに傲慢だ。

私もこれに似た言葉をつい言いたくなることがあるが、我慢している。かなり昔のことだが、レコード店でオペラのレコードを手にして、買おうか買うまいかためらっている人を見かけた。レコードは、フェレンツ・フリッチャイ指揮のワーグナーのオペラ『さまよえるオランダ人』だった。

フリッチャイは私の好きな指揮者の一人なのだが、『さまよえるオランダ人』に関しては私の価値観によれば、ひどい演奏だった。その記憶があって、私は「その演奏はひどいから、買わないほうがいいですよ」と言いたくなったのだが、なんとか我慢した。この言葉が傲慢であり、相手にはよけいなお世話と思われる可能性が高いと判断したからだ。

そんなわけで、「そんな本、読んでも役に立たないよ」と口にするのは、相手からの反発を買うだけだ。自分ではつまらない本と思っても、言わないようにすることだ。

どうしても「つまらない」ことを言いたいのなら、それは条件つきだ。まずは、同じような価値観を持っている人物を相手にする。価値観がかなり違う人物に言えば、すれ違いにしかならない。

もう一つは、自分の主観として話すことだ。「俺はその本を読んでみて、つまらないと思ったけど、どう思う？　あとで、感想を聞かせてほしい」と言えば、相手が反発することはない。また、相手が自分のことを評価してくれているのなら、「奴がつまらないと言うかぎりは、本当につまらないのだろう」と、相手に判断の手掛かりを提供することにもなる。

一方、人から「そんな本、読んでも役に立たないよ」と言われたときは、言い返してもいい。

たとえば「でも、ほめている人もいましたよ」と、評価している人物がいることを提示する。あるいは、「この本の三章に書かれている考え方は、いままでにないと思いますよ」と、具体的にどこがいいかを言う。「この作家を好きなもので」という言い方もある。

「努力が足りないんじゃない？」

！「努力」の押しつけは脅迫も同じです

結果がうまく出せない部下に、「君は努力しているから、いつか結果を出せるよ」と励ますのはいい。一般論として「努力が大事だ」と語るのもいい。人生において、確かに「努力」というものは大事だ。私が何かのノウハウをいま身につけているとすれば、それはある時期、獲得するために何らかの努力をしたためなのだ。

だが、この言葉も使い方によっては、「何様」な言葉になってしまう。その典型が、「努力が足りないんじゃない？」だ。

「努力が足りないんじゃない？」と言う上司は、部下をもどかしく思っているのだろう。まだ伸びるはずなのに、なかなか伸びない。このところ、プライベートな行動に時間をかけているようで、仕事に精を出しているように思えない。そこで、励まし、叱咤《しった》の意味を込めて善意から「努力が足りないんじゃない」と口にしてしまうのだろう。だが、これが厭味《いやみ》に思われてしまうことが多い。

「努力しろ」という言葉は、一方的な価値観の押しつけという面をもつ。努力する・しないは、人の勝手だ。努力は、義務でも何でもない。努力してもうまくいかないときはあるし、努力しなくても上手になるケースもある。努力は、無条件にほめられるべきものでもない。人は努力しなければならないものと初めから決めつけるのはおかしなことだ。それなのに、「努力が足りないんじゃないか」は決めつけてしまっている。「努力＝正しい」という価値観を押しつけ、そこから相手を非難し、自分は努力していると悦に浸っているのだ。言われた側は、価値観を一方的に押しつける脅迫にさえ受け取る。

「やればできる」という努力への信仰は、「何様言葉」につながりやすく、周囲を圧迫、息苦しいものにする。努力を信仰している人は、そのことがわからない。やる気がなくても、それはそれで悪くはないということに気づこうとしないのだ。

そのことについて、若いころに見たある映画を思い出す。一九七〇年代に上映された『俺たちの交響楽』という映画だ。山田洋次の原案、朝間義隆の監督で、武田鉄矢が主演して話題になったことを覚えている。田舎のある町で、ベートーヴェンの第九交響曲を演奏しようと企画し、様々な試練の後に大成功に終わる話だった。ベートーヴェン好きの私は大いに期待して映画館に足を運んだのだったが、映画そのものには強い違和感を覚えた。

田舎町でベートーヴェンの「第九」を演奏するのは、たしかに並大抵のことではない。ハードルの高さから演奏会に向けて脱落していく人は、当然出てくる。落ちこぼれていった人たちを、同じ町の人たちが皆で「やればできるよ」と励ます。あるいは、「脱落するなんてだらしないじゃないか」と叱咤もする。

もちろん、音楽好きの私としても、ぜひともみんなで演奏会を成功させてほしいと願ってみた。だが、第九は自主公演だ。やる気が失せていった人たちがいても、まったくかまわない。それなのに、挫折を克服する努力が絶対視され、それについていけない人が非難の対象にされている。

映画の最後には脱落した人も復帰、皆がやってよかったと涙することになるが、この話は努力の押しつけが過ぎる。別の価値観を認めない嫌な話でもあり、「努力」という言葉が絶対視されたとき、恐ろしい事態になることを見せてもいた。

「努力」は、自分の意志ですべきものであって、他者から言われてするものではない。他人が努力を求めれば、その言葉は「何様言葉」に変わりやすい。

部下を奮起させたかったら、精神的な「努力」を求めるよりも、やり方、目のつけ方を変えてみるよう、さりげなく具体的なアドバイスをするのが望ましい。

「君にはわからないだろうが」

！崇拝を求めているように聞こえます

上司と部下、先輩と後輩が言い合いになったときだ。どちらも決め手に欠け、上司、先輩もどう説得していいかわからない。そんなとき、上司、先輩がつい口にしてしまう言葉が、「君にはわからないだろうが」だ。

「君みたいに豊かな家庭で育った人間にはわからないだろうが、この案はおかしいよ」「こんな計画をそのまま実行したら、現場がどれだけ苦労するか。現場を知らない君にはわからないかもしれないけど……」などと、言ってしまうのだ。

こう言えば、部下、後輩も引き下がるケースも少なくないが、納得して引き下がっているわけではない。内心不快に思っていることも少なくないだろう。

「君にはわからない」は、たしかに効果はある。社会環境は時代によって変化し、一定の年代以上でしか経験できないものがある。それも、他の世代では絶対にできそうもない特殊経験をしている世代もいる。その典型が、戦争を経験してきた世代だ。

過酷な体験をした人に「君にはわからない」と言われると、それを経験していない世代の者たちは、何も言えなくなる。「おっしゃる通り、私たちは先輩方の苦労を何も知りません」と平伏するしかなくなる。

けれども、「君にはわからない」は、考えようによっては、きわめて尊大、かつ卑劣な言葉にほかならない。まず自分の特殊な体験が立派であることを強く訴えようとしている。これが、聞く者を不快にさせる。立派な人間になるには、特殊な苦労が必要であるかに響き、ならば、特殊体験をしていない者は立派になれないと暗に言っているようなものだ。それは、「君たちは立派になれないよ」と言っているのも同然なのだ。

また、他人の苦労、他人の思いは、誰しもわかろうとして、わかるものではない。他人のことは、結局、誰であれわかりはしない。他人の特殊体験だって、わからなくて当然だ。それなのに「君にはわからないだろうが」と言うのは、相手を「わからないだろう」と責めることで、強引に自分の話を正当化している。よく考えると、これは卑劣な手法だ。

また、「君にはわからない」とあえて言うのは、自分が特殊体験をしたことをことさら強調しようとしている。自分がいかに特別であるか言っているようなもので、部下や後輩たちに崇拝を求めているかにも聞こえる。これは、「神様にでもなったつもり」の「何様」

だ。

上司、先輩にこう言われたとき、部下、後輩は黙って引き下がらないほうがいい。「私は先輩のように苦労していないので、わかりません。もっと教えてください」と素直に言うのもいいだろう。

あるいは、「先輩の経験はたしかに凄いと思いますが、それって、他の人にはまったく当てはまらないんじゃないですか」「わかるのは、先輩だけですよ」などとおだてつつ皮肉を交ぜる方法もある。

親しい先輩相手なら、「そういう言い方はないんじゃないですか」と抗議してみてもいい。いずれにせよ、そのようにいえば、上司や先輩はたいした根拠もないままにねじ伏せようとしたことを多少は反省するだろう。

「○○ちゃん」

!私は、上司の子分でも弟分でもありません

　上司は、ふつう部下を「「君」か「さん」づけで呼ぶ。呼び捨てで呼ぶ上司もいるだろうが、もう一つ、「ちゃん」づけがある。私の見聞するところ、「○○ちゃん」を使う上司も存在するようだ。

　当人は、親しみを表すために「○○ちゃん」と呼んでいるのかもしれない。言われた部下は悪い気はしないだろうと思っているかもしれない。もちろん、そのように呼ばれることを喜ぶ部下も少なくないだろう。だが、この呼び方を嫌う部下もいるから、要注意だ。

　まず、この呼び方は部下を一人前に扱わずにまるで子ども扱いする響きがある。女性が男性上司にこのように呼ばれたのでは、まさに女性蔑視につながる。とくにそれがかなりの年齢の女性だったら、顔で笑いながら、心の中では不快に感じているかもしれない。

　ちゃんづけされるのが男性の場合も、不快に思う人は多い。その言い方に人を取り込もうとするニュアンスが含まれるためだろう。親分は自分の子分にしたい人間を「○○ちゃ

ん」と呼んで、自分よりも位が下の人間であることを、相手にも周囲にもわからせようとしている。言っている本人にそのような気持ちはないにしても、部下はそう言われているような気になっているかもしれない。

もちろん、派閥が好きで、その上司を兄貴格としたい人なら、「○○ちゃん」と呼ばれてうれしいだろう。より上司との絆が強くなったような気になってくるだろう。だが、中にはその上司と距離をおきたい人もいる。そんな部下からすれば、「○○ちゃん」と呼んでくる上司に、必要以上の馴《な》れ馴《な》れしさを感じる。社内の権威臭、派閥臭をことさらに感じ、その上司にうんざり感を覚えてくる。

私にも、似た経験がある。一時期、ある業界のボス的な人物と親しく付き合っていた。その人は多くの人間に対して砕けた話し方をしていたが、私に対してはやや他人行儀なところがあり「樋口先生」と呼んでくれていた。

ある日、そのボス的人物から私の元に電話がかかってきたことがあった。電話での話し中、その人物は横にいる人とも時折りしゃべっていたが、そのときの声が聞こえてきた。「いま、樋口ちゃんとしゃべっているから」と、私を「ちゃん」づけで呼んでいたのだ。それは、ちょうど私の本がベストセラーになり、テレビなどにもたびたび出演している時期だった。その人物は、周囲の人に私を子分のような存在として印象づけたかったのだろう。私はそのボス的人物をいまも尊敬しているし、愛すべき人物だと思っているが、そのとき、少し不快に思ったのは事実だ。

ところで、中には部下が上司のことを「ちゃん」で呼ぶこともあるだろう。もちろん、上司を目の前にしてそんな言い方はしない。上司がいないとき、「山口《やまぐ》っちゃん、今日も部長に叱られてたなあ」などと話しているだろう。もしかしたら、本人は愛情をこめて「ちゃん」づけにしているつもりかもしれない。しかし、上司を「ちゃん」で呼ぶと間違いなく、そこに軽蔑のニュアンスがまじる。これは言語道断。あまりに礼儀に反する。同じような考えをもっているごく少数の間で使うのならともかく、別の考えの人が聞いたら、間違いなく不快に思うだろう。このような話し方は、自分が無礼で世間知らずの人間だということを喧伝《けんでん》しているに等しい。

いずれにせよ、ちゃんづけは仲のよい同僚に限って使うのが望ましい。それ以外の人に使うときには、もう一度相手を見ることだ。もしかしたら、相手はそれをとても失礼なことと思っているかもしれない。

「べつにいいんじゃない？」

！そんなおざなりな対応ではやる気をなくします

　私がときどき口にして「しまった」と思う言葉が、「べつにいいんじゃない？」だ。学生から提出されたレポートを見たとき、大学内で書類が回ってきたときなど、よく見もしないで、間違ってはいないだろうとタカをくくって、つい言ってしまう。

　オフィスでも、つい「べつにいいんじゃない？」を口にしてしまう上司は多い。きちんと見た結果、問題なしと思って口にしている上司もいれば、まあ大丈夫だろうと思い込んでいい加減な気持ちでこう言った上司もいるだろう。

「ダメだ」と言っているわけではないから、相手は気を悪くすることはないと思っているかもしれないが、そうとはかぎらない。言われたほうは、まともに相手にしてもらえなかったと思って不快に思う場合も多い。**「べつに」という言葉に、突き放したような印象があり、冷たさが残る。「いいんじゃない？」も、積極的な評価とは受け取ってもらえない。**

　言われた部下や学生は、積極的な関わりを受けなかったことで、上司、先生のやる気度を疑う。上司や先生には文句は言えないから、しかたないと思うと同時に、上司、先生ののゆるさを感じてしまう。地位にもたれかかった、ユルユルの態度に、だらしのない尊大さを感じもするだろう。

これで、そのあと問題が何もないならまだいいが、えてしてあとで問題が起きがちだ。上司がきちんと目を通していなかったため、書類に不備があったり、本質的な問題が残っていたりするケースが出てくる。この段階になって、部下に「これでは、ダメだ」と叱ったのでは、部下は「あのとき、いい加減にしか見てなかったくせに」と強い不満を感じることになる。「あのときは承認したではないですか」と反論されたら、詫《わ》びるしかない。

これに似たケースは、近年、ビジネス・メールでも起きている。部下の仕事のメールを上司が見たとき、時間がないと、「確認しました」とだけ返信する。確認したのは、メールの着信のみで、じつは中身はろくに読んでいないことも多い。「確認しました」と返信するかぎり、中身を読む必要があるのだが、サボってしまっている。返信を受けた部下は、そんなこととは想像もせず、これでひと安心となる。そのあと、上司がまともにメールを読んで、問題が生じるというケースだ。

政治家の責任問題にしろ、ほとんどがこうしたやっつけの姿勢から起きている。政治家の場合、官僚の作成した書類を面倒臭がっていちいち読まないケースが少なくないようだ。書類にサッと目を通し、「べつにいいんじゃない？」と言って通してしまう。これで、官僚はＯＫをもらったと思うと同時に、やる気のない政治家と失望するか、なめてかかるかだ。

その後、国会答弁のときに、「べつにいいんじゃない？」と言った政治家は野党から問題を提起され、返答に窮することがある。これも「べつにいいんじゃない？」とやり過ごしてしまったツケといえるだろう。その後、政治家としての責任の所在が問われることにもなるが、「べつにいいんじゃない？」は、言った本人を滅ぼしかねない、じつは恐い言葉なのだ。

部下の提出した仕事をすぐにはチェックできないときは、「いま時間がないので、あとでじっくり見る」と素直に言うことだ。あるいは、ここで無理に時間をとってチェックしておくやり方もある。

また、部下の書類を見たときは、きちんと感想を言ったほうがいい。「とてもいいね」とか**「この部分はよくできている」とほめれば、部下はやる気を出す。ダメな部分は「ここをもっと強調してみては」「この部分の説得力が弱い」などと、指摘すればいい。**

第5章

人間関係がギクシャクする「ナニ様？」な日本語

「結論は？」「で、何が言いたいの？」

！私の話、そんなにつまらないの？

　私はしばしば妻に向かって、「で、結局、何が言いたいんだ？」と言っては、ムッとさせている。「結論は？」と言う場合もある。学生相手の場合には、ちょっと意地悪に「オチはないの？」と言うこともある。その場合も、学生は困った様子を示す。

「結論は？」「オチはないの？」と口にするのは、もどかしい思いがするからだ。相手の話を最後まで聞こうとは思っているが、話が要領を得ない。話があちこちに飛んでしまっていることもあれば、話の抽象化がなされていないこともある。具体的な話をすることも重要だが、それればかりでは何を言いたいのかがわからない。具体的な事例を言ったあと、そこから先、いったい何を訴えたいのかが明確化できていない。たっぷりの時間があれば話を聞くが、忙しいので話をさっさと進めたい。そんなときに、この言葉を口にする。

　だが、「結論は？」「オチはないの？」は、言われた側にとっては「何様言葉」にほかならない。自分の話はつまらない、おもしろくないと突き放されたようなものだ。親しい相手からそう言われたのでは、見下されたような気分になる。

教師と学生、上司と部下の場合でも同じだ。教師、上司は高みからしゃべることを許されてはいるが、そこには限度というものがある。言われた学生、部下は「何もそこまで言わなくても」と不満に思うのだろう。

「結論は？」「オチはないの？」は、ビジネスライクに話すことがクセになっている人間が、そのような世界に住んでいない人に対してつい言いがちな言葉でもある。だから、しばしば男性が女性に、とりわけ夫婦をはじめ親しい男女の関係で話す場合に使われがちだ。

女性は、気を許した男性相手にはなんでも話したい。この場合、女性はしゃべること自体を目的としている。何かを議論したいわけでも、論点を明確にしたいわけでもない。たとえ議論の形をとっていても、それは表向きであって、言葉を交わすこと自体のほうが大事なのだ。だが、しばしば男性はその女性心理を理解できていない。つい「結論はないの？」と口にしてしまうのだ。

男性のそう言いたくなる気持ちは私にはよく理解できるが、ここはむしろコミュニケーションを楽しむことを優先するべきだろう。学生、部下相手なら、話を整理してやって、「つまり、○○と言いたいんだね」とでも言えばいい。

「そんなことを言ったら、人に笑われるよ」

！世の中全体を味方につけたつもり？

知人としゃべっているとき、知人がある種の暴論を言いだすことがある。「日本人が英語を学ぶ必要なんてない」「いっそのこと、大学入試なんて一切やめてしまえばいい」といった類の話だ。これに対して、「そんなことを言っていたら、人に笑われるよ」と言ってしまった覚えはないだろうか。あるいは、言われた経験がある人もいるだろう。

「そんなことを言っていたら、人に笑われるよ」と言った人は、相手の発言がおかしいことをそれとなくほのめかしたつもりかもしれない。けれども、言われた相手は、「何様」だとカチンとくる。

「そんなことを言っていたら、人に笑われるよ」が「何様言葉」なのは、**自分の考えを勝手に普遍化しているからだ。**一つの物事に対して、本来、考え方はいろいろあるはずなのに、彼は自分の見方にこだわり、それが正しいと思っている。反対に、相手の考えはおかしいと思っている。相手の考えのおかしさを強調するために、世の中全員が相手の考えをおかしいと思っていると言っているようなものだ。この場合の「人」は、世の中全員を指しているのだ。

これだけでも傲慢だが、「笑われるよ」という言葉が傲慢に輪をかけている。**相手をモノ笑いの対象になると脅し、蔑んでみせているのだ。**相手は、「お前ごときにそんなことを言われる筋合いはない」と腹を立てる。

「そんなことを言っていたら、人に笑われる」と言われたとき、「そうかな」と退く必要はどこにもない。ここは、相手の傲慢なところをへし折ってもいい。たとえば、**「じゃあ、どこが笑われるの？」と反論すれば、論点が絞られてくる。**論点を絞り込むなら、答えは論理的になりやすい。「人に笑われるよって、結局、君に笑われているだけにすぎなかったのだ。あとの人はわからないね」とも言い返せる。

逆に、相手の意見がおかしいと思ったときも、論点を絞って質問することだ。それも、あくまで自分の意見としてだ。世の中全員を引き合いに出すような言い方では、まともな議論にはならない。

「顰蹙ものです」「敵に回します」

❗他人をダシにして脅さないでください

「そんなことを言ったら、人に笑われるよ」よりもさらに傲慢に受け取られる言葉が、「それって、顰蹙《ひんしゅく》ものですよ」だ。

「顰蹙」という言葉は、強烈な響きがする。「顰蹙ものですよ」は、皆から敵対視される、相手にされなくなる、と脅されているような感じのする言葉だ。「皆を敵に回しますよ」「皆から愛想を尽かされますよ」などと言う人がいるが、同じような響きを持つ。

私自身は言ったことはないが、言われたことなら何度かある。私はできるだけ正直に自分の考えを口にする人間であり、幸い、年齢を経て、かなり自分の意見を人に言える立場になった。そこで、他人を批判したり、自分の率直な意見を語ったりする。

すると、「顰蹙を買いますよ」「敵に回しますよ」といった言い方をされる。「うちの祖父も父も、運動が大嫌いなのに九〇前後まで健康に生きている。私はスポーツなんて身体を悪くするだけなので、一切スポーツはしない」などと敢えて暴言を吐くと、「そんなことを言うと、スポーツをやっている人全員を敵に回しますよ」などと言われる。冗談っぽく言われるのならともかく、真顔で言われたりする。

「敵に回しますよ」と口にする人は、脅迫しているに等しい。しかも、自分の意見として語るのではなく、他人をダシにして脅しているから、余計、始末に負えない。もちろん、言っている当人は、脅すつもりはなく、暴言であることを指摘して忠告したかっただけかもしれないが、「敵に回しますよ」という忠告自体が、私という敵をつくっている。

「顰蹙を買いますよ」「敵をつくりますよ」という言葉は、言った当人を取り巻く環境を悪くしている。言われた側は、「いったい何様」と思って反発し、彼を敵視してしまう。皮肉なことに、彼は他人に「敵に回しますよ」と言っては、周囲に自分の敵ばかりをつくっていることになる。

そんなわけだから、相手の発言を不愉快に思っても、言い方に気をつけるべきだ。まずは、自分は相手の味方であるという姿勢を見せるのが望ましい。そのあとに、一部の人の意見として自分の意見を言う。「私はその批評をわからないでもありませんが、一部の人は不快に思っていると思いますよ」といった言い方をすれば、「何様」とはならない。

「友だちいないでしょ」

！私を「人間失格」とでも言いたいの？

どこの組織にも偏屈な人がいるものだ。そのような人たちは人間関係はそこそこにしておいて、仕事や趣味に没頭しようとする。そこには一つのこだわりさえ感じ取れるのだが、なかにはそんな人物をからかいたくなる人もいる。そこで口にしてしまうのが、「お前、友だちいないだろ」だ。あるいは、「そんなことじゃあ、友だちをなくすぞ」だ。

実際、言われた本人に友だちはあまりいないかもしれない。友だちを失いつつあるかもしれない。あるいは、そうではなく、けっこう親しい友だちがいるというケースもあるだろう。

いずれにせよ、言ったほうは冗談交じりでも、言われた側に屈辱を感じる人は多い。三〇代以上の社会の中堅ならともかく、**若い人ほど侮辱と感じやすい**。

というのも、若者にとって、友だちの存在はその人物を測る意味で非常に重要だ。若者にとって、友だちの存在は恋人や親よりも大きいとさえいえる。いわゆる「友だち教」さえできあがっている。友だちがいればなんとなく安心だし、友だちの多い奴と見なされることは、「いい奴」「できる奴」と評価されるも同然だ。

逆にいえば、友だちがいないことは、恥ずかしいことになっている。友だちがいないのは、人間的に魅力がなく、人格に問題があると思われている。**友だちのいない奴＝「ダメな奴」「暗い奴」という図式が、若者の間にはできあがっているのだ。**

昔なら、「そんなことをしていると、女にモテないぞ」「お嫁に行けなくなるよ」といった言葉があったが、いまは異性に代わって「友だち」なのだ。そのことに、若者は敏感だ。友だちの少ない人はそのことを過剰に意識しやすく、友だちの少なさにコンプレックスさえ抱きがちだ。

「お前、友だちいないだろ」は、そのあたりの心理をグサリとつき、人間失格者扱いした言葉だ。「たしかにそうかもしれないが、そんなことを言ってほしくない。そんなに人を愚弄しておもしろいのか」と、相手は屈辱を感じるとともに、憤慨する。

周囲の人も、聞いていてあまりいい気持ちはしない。「友だちいないだろう」という言葉には、実にいやらしいトリックがあるからだ。「友だちいないだろ」と攻撃している当人は、実は相手のことを「嫌な奴」「おかしな奴」と思って言っている。その感情を出すことなく、**「友だちいないだろ」というある客観性をよそおった言葉で相手をいじめにかかっている。**

「友だちいないだろ」は、ある程度普遍化がなされた言葉だ。友だちがいるかいないかという事実を問うているから、客観的ではある。客観的に見せかけているが、その一方で、友だちがゼロであると決めつけてかかっている。自分の気持ちを素直に言わず、客観的な言葉を装いつつ、相手をダメな奴と決めつけにかかっている。それも、若者が一番言われたくないところを突いてきているから、いっそう嫌味に感じられる。周囲の者も、そのいやらしさを感じ、「何様」と不愉快に思う。

また、周囲の人間でも、友だち不在でコンプレックスを持っている人がいる。「友だちいないだろ」は、彼の不安を煽るようなものでもある。

「お前、友だちいないだろ」と言われたとき、黙って引き下がることはない。「いませんけど、何か問題が?」「いませんけど、あなたには誇るような友だちがたくさんいらっしゃるんですか?」などと反撃すればいい。要は、友だちがいることが、無条件にいいことであるという思い込みを打ち砕けばいい。

「それでも九州男児？」「それでも関西人？」

❗人を勝手な色眼鏡で縛りつけないでください

思えば、私はこれまでいろいろな「何様言葉」を浴びせられてきた。そのなかでも、若いころ、とくに嫌だった何様言葉が「それでも九州男児？」だ。私の故郷は、九州の大分県日田市だ。その後、父の仕事の関係で県内を何箇所か移動して暮らした。大学に進学し、はじめて九州を去り、東京で暮らすことになった。以来、ちょっと親しくなった相手から、「それでも九州男児？」とよく言われたものだ。

「それでも、九州男児？」と言われてしまうのは、私がいわゆる「九州男児」っぽくないからだ。「九州男児」という言葉には、男の中の男、野性的でたくしまい男というイメージができあがっている。大ヒット映画になった岩下俊作の小説『無法松の一生』の主人公・富島松五郎、あるいは薩摩の西郷隆盛や東郷平八郎、戦国時代の島津家や立花家の武士たちをイメージしてのことだろう。

九州の男であるからには男っぽさを売りにしているはずなのに、私はまったくそうではない。かつては今以上に物静かで優柔不断で気が弱く、関心があるのは文学やクラシック音楽や哲学という典型的な書斎型の人間で、しかも、いまと違ってやせっぽちだった。まさしく絵に描いたような「草食系男子」だ。そのため、「それでも九州男児？」とよく言われたものだ。

「それでも九州男児？」と言う側は、多少の皮肉をこめては言っているが、悪意からではないだろう。頭の中にすでに「九州男児」というイメージができあがっていたのに、それが崩されたことで、皮肉の一つも言いたくなったのだろう。

けれども、言われた側は、かなり傷つく。一つには、男らしくないかのように言われたと感じる。遠回しに、「虚弱な奴」「ふがいない奴」扱いされ、人間として劣っているかのように言われたように思うのだ。たしかに私自身、それほど堂々とはしていないし、きっと男らしくもないと思う。だが、だからといって、九州出身というだけで、相手を特別な目で見て、「虚弱な奴」呼ばわりされても困る。

「それでも、九州男児？」に「何様気分」が強いのは、もう一つ、他人を色眼鏡《いろめがね》で見ようとしているからだ。「九州男児」は一つの色眼鏡で、それも、ほとんど根拠がない。現実に、これまで、私と同じ九州出身者で、男の中の男っぽい奴、マッチョな奴に出会ったことがない。少なくとも、私の友人たちのほとんどが、どちらかというと、線が細くさえある。イメージ上の「九州男児」はごく少数の例外と言ってもいいのに、「九州男児」という先入観が一人歩きしている。

その**根拠のない先入観で人を評価しようとするのは、愚かな行為でもあれば、現実を無視しきった尊大な行為でもあると**私は思う。人は、他人の思っている価値観や枠の中に勝手にはめられたくない。自分の思っている価値観や枠の中に人を入れようというのは、人を束縛する行為でもある。「それでも九州男児？」と言われた側は、「何の権限があって、お前は束縛しようとするのだ」と反発するのだ。

「関西人」「土佐っ子」「東北人」なども、同じだ。「お笑いが理解できないなんて、それでも関西人？」もまた、「何様言葉」だ。「関西出身のくせに、話にオチがない」などと言われると、いっそう苛立つだろう。関西人がお笑い好きというのも、勝手にできあがったイメージであり、お笑いの好きでない関西在住の人、あるいは出身者も少なくない。それなのに**「それでも、関西人？」と言うのは、一定の枠の中に相手を束縛しようというものであり、強い反発を招くのだ。**

「それでも男？」

！オスとしてダメということですね

「それでも九州男児？」よりもキツい「何様言葉」が、「それでも男？」だ。「それでも九州男児？」の場合、「九州人」という別の属性があり、限定的でもあるが、「それでも男？」は、男の能力自体を問うているからだ。

言われた本人は、たしかにちょっとふがいないかな、という自覚がある。グループの中で決めなければならない立場なのに、決められない。すぐに誰かの顔色を見てしまう。グループを代表して、電話口で相手に断固として言わなければならないのに、ボソボソとした口調でしかしゃべれない。

こんな人物を見ていると、周囲はイライラしてくる。中堅に近い立場にあるなら、締めるべきところを締めてほしいと思っている。頼れる人物であってほしいのに、オロオロしている。「なんとかしろ」という意味で、つい「それでも男？」と言ってしまうのだが、これは言い過ぎにしかならない。言われた側のダメージが、はかりしれないからだ。

「それでも男？」という言葉は、**相手の男としての能力を否定しようとしている。男であるかぎり、これは人間失格と言われたに等しい。**

それでも、男からそう言われたのなら、まだ救いがある。男同士なら、男として共通の何かを有している思い込みがあり、完全に男を否定されたとは心のどこかでは思っていない。だが、女性から言われると、じつに辛い。女性が男と見なさないということは、オスとしてダメであるということでもある。それは、「男のシンボル、ちゃんとついてるの？」と侮蔑されるのと、同じくらいのダメージとなる。男の場合、女性からオスとして否定されるような言葉を浴びると、もう居場所がなく、その女性の前では去勢されたような気持ちにさえなってしまう。

そんなわけで、「ふがいない奴」とイライラしても、「男」を持ち出さないことだ。ふがいないと思ったなら、どこがダメであるかを指摘すれば、それですむ。「ここは、あなたが決める立場であるから、決めてほしい」「もっと強い口調で言ってほしい」などと言えば、一つの能力を問うているだけだ。相手を完全に否定はしないから、「何様」とは思われにくい。

また、女性によっては、自分が努力して社会の中で認められてきたことを意識しすぎるあまり、「それでも男？」と言う人もいる。そこには、「あなたは男社会の中で、甘やかされすぎてきた」という思いがある。裏返しとして、「私は男社会の中で、男に負けず、頑張ってきたのよ」と周囲に認めて欲しい心理も働いている。そのため、自分よりもできない男を見ると、「それでも男？」と言ってしまう。

その気持ちはわからないでもないが、相手や周囲からは「お前は、そんなにエラいのか」と思われて終わりだ。

オフィスではいま、男女が同じ土俵で競争するようになっている。男よりもデキる女性もいれば、デキない女性もいる。男よりもデキるといっても、それはたいして自慢にならない。デキない男を「それでも男？」とけなしたのでは、ことさら自分をデキる女に見せようとしていると思われてしまう。言われたほうは、「俺をダシにするな」と思う。

まれに男社会の中で勝ち抜いてきた女性もいるが、これとて自慢にはならない。言われた男のほうからすれば、「そう言うお前は、女を武器に仕事をしているじゃないか」と反発もされる。

自らを口でアピールしなくても、周囲はデキるかデキないかを判断してくれる。それを待てばよいわけで、「それでも男？」と言って反感を買う必要はない。

「安物なんだ」

❗ダメな物を買っている奴という意味!?

「安物ですから」は、自分の着ている服や装飾品などを「大したことない」という意味でよく使う。「安物」は自分に関して使っているかぎり何の問題もないが、他人に対して使った瞬間、一気に「何様言葉」になってしまう。

「えっ、そんな安物だったんだ」「安物好きなんだね」「そんなに安く買えるの」「ちょっとお安い感じだね」などとは、口にしやすい。言った当人には、悪気はないだろう。茶目っ気からちょっと皮肉ったつもりかもしれないが、言われた側はいい気持ちはしない。

私はあまり服装にはかまわないほうで、お店で最初に目に入ったものを購入するだけだ。とくにこだわりがあるわけではない。そんな私でも、着ている服の値段を聞かれて正直に「たしか一万円くらいかなあ」と答えて、「えっ、そんな安物なんだ」とびっくりしたように言われた時、ムッとした。

「えっ、そんな安物だったんだ」「安物好きなんだね」が「何様言葉」になってしまうのは、一つには**「安物＝ダメ」という固定観念があるからだ。**安物買いの銭失いは、みっともないという意識だ。

たしかにいま、ユニクロのような安くても品質のいい製品も少なくない。それでも「安かろう、悪かろう」という意識がなかなか抜けきらない。自分は「安かろう、悪かろう」の意識を捨て去ったつもりでも、周囲の人がその意識から抜けきれているかどうかわからない。

「安物＝ダメ」という先入観を前提にすると、「えっ、そんなに安物だったんだ」と言われるのは、安くてダメなものを買っている奴と言われているようなものだ。ダメなものを買う奴とは、つまりセンスの悪い奴であり、センスが悪いと言われている感じさえする。

せめて、「そんなセンスの良いものが、そんなに安く買えるんですか」といった態度を示してほしい。そのような態度を示していれば、言われたほうも悪い気がしない。しかし、その場合も「安物」という言葉を使うべきではない。この言葉はどう言いつくろっても、悪いものというイメージしかない。

「もっとまともな物を食べなよ」

❢健康を心配してくれたとはまったく思えません

近年、食に関する意識を高めようとする人たちがいる一方、いわゆるジャンクフード好き、ファストフード好きも多い。昼食をカップヌードルですませる主婦もいれば、立ち食いそばで満足するサラリーマンもいる。毎日、ハンバーガーばかり食べている学生もいる。そんな彼らを見ていて、彼らの健康を心配する人もいる。思わず、「もっと、まともな物を食えよ」と言いたくなる人はいるだろう。

私自身、大学内のコンビニでカップ焼きそばやラーメンを買って構内で食べている学生たちを見ると、「もっとましな物を食ったら？」と言いたくなる。健康や栄養を心配してというより、うまいものを食えば幸せな気持ちになれるから、みんなに美味しい物を食べる幸せを味わってほしいのだ。

けれども、「もっとまともな物を食えよ」「もっと、ましな物を食ったら？」は、相手には「何様言葉」にしかならない。「もっと、まともな物を食えよ」という言葉の裏には、「ろくでもない奴は、ろくでもない食事をしている」「安物ばかり食っていては、心身がダメになる」といった心理が潜んでいるからだ。言われた側もそう受け取り、人格をけなされ、否定されたように感じるのだ。

食べ物は人格に密接に結びついている。その人が食べている食べ物から、その人の性格がわかるという話もあるくらいだ。**自分の食べている物が「ろくでもない」と言われるのは、自分の性格までが「ろくでもない」と言われたようなものだ。**言われた本人は、健康を心配してくれたとは、まったく思わない。自分を否定したいがために、自分の食べている物に難癖をつけられたと思う。

加えて、自分の好きな食い物はそうは変えられない。いくら健康にいいと言われても、納豆は真っ平という人もいる。ハンバーガーをよく食べている人は、好きだから食べているのであって、それをダメだと言われると、途方に暮れるだろう。

途方に暮れたあとは、反発しか待っていない。「何様のつもりで俺に食の指導をしているんだ。好きな物を食って何が悪い」となる。相手の食に関してはケチをつけず、食べながら会話を楽しめばいい。

「いつ死んでもいいと思っている」

！ご立派な死生観を語るなんて、自分に酔いすぎ

小説を読んだり、映画を見たりして、死をも恐れぬ主人公に魅了されたのだろう。人前で、「俺は、いつ死んでもいいと思っている」などと語ってしまう人がいる。

配偶者を亡くし、周囲の友人もみんな死んでしまった高齢者がそういうのなら、それはそれで説得力がある。あるいは、人生の苦しみを味わいつくして達観した人間が言うのであれば、それは立派なことだ。だが、まだ先の長い壮齢の人間がそのようなことを言ったのでは、滑稽であり、また傲慢でもある。

当人は現実を超越した死生観に到達したつもりでいるのだろうが、それこそむしろ人生を知らずにいるからこそ言えることだろう。たんに自分に酔っているにすぎない場合が大半だろう。

人はどこかで死とつきあわなければならないが、「死」というものが簡単にわかるわけがない。おそらくは、一生わからない人がほとんどだ。そんな現実があるにもかかわらず、

「俺は、いつ死んでもいいと思っている」と言ったのでは、「どうせ上っ面しかわかっていないくせに、何様のつもり」と思われてしまうのだ。

また、この言葉の「何様度合い」は、年齢によっても変わってくる。三〇代、四〇代の働き盛りで家族をもった人間がそんなことを言っているとすれば、それはあまりに無責任というものだ。これから、子育てもしなければならないし、老いた親の面倒もみなければならない。会社もまだまだあてにしている。好き勝手に死んでもらっては周囲が困るのに、身勝手なことを言っている。それは、どうしようもない「何様」だ。

九〇歳近い私の父は、「もういつ死んでもいいよ」「いつお迎えがきても覚悟はできている」としょっちゅう言うが、私からすると、それが本心とは思えない。飛行機は危ないと言って絶対に乗らないし、ホテルも火事になったら大変だと言って二階以上のフロアに宿泊しようとしない。また、健康維持のため数多くの薬やサプリメントを服用している。「いつ死んでもいい」と言いながら、まだ生きることにこだわり、死ぬことを嫌がっている。

私は人間というのはそんなものだと思う。生物である限り、生きることに執着する。だからこそ人間は美しい。だからこそ、生きることに意味がある。それをいとも簡単に否定したのでは、むしろ生命に対する、人類に対する冒瀆《ぼうとく》でしかあるまい。

「調味料つけすぎ」

❗えっ、私を下品扱いするの？

　家族や友人と食事をしているとき、相手の醤油、ソースの使い方が気になってしまう人がいるだろう。相手は、冷や奴に醤油をドバドバかけている。カツの衣にソースをたっぷりしみ込ませて口に運んでいる。それを見てつい、「醤油のかけすぎじゃない？」「ソースのつけすぎじゃない？」などと言ってしまったことはないだろうか。あるいは、そう言われて腹が立った経験はないだろうか。

　当人は、相手の健康を思ってのことだろう。近年は、塩分のとりすぎは成人病の原因と口やかましく言われるようになった。醤油やソースを控えるに越したことはない。醤油やソースのかけすぎは汚らしくも見え、スマートではない。そこで注意してやろうと思ってのことだろう。妻が夫にこう言うのも、よくあるケースだ。

　だが、その善意がありがたがられることは少ない。そう口にするのが栄養の専門家であったり、無二の親友であったりしたら、それなりに素直に聞くかもしれないが、そうでなければ相手から「何様」と思われても仕方がないだろう。自分の価値観を一方的に人に押しつけ、束縛しようとしていると受け取られがちだからだ。

醤油をどれだけかける・かけないかは、その人の好みの問題だ。実際のところ、言われた当人も、醤油のかけすぎ、つけすぎかもしれないとは思っている。健康によくないだろうなとは、考えている。だからといって、好みは変えられない。食に関しては、人間誰しも保守的になりがちで、好みの加減はそう簡単に変えられない。

実際、醤油をたっぷりかけて食べる人が、醤油をちょっとだけつけて食べると、なんだか物足りない。食べた気分がしなくなるから、ふたたび醤油をたっぷりかけて食べることになる。

それくらい味覚の問題は、人間の根本であり、そうは変えられないのに、「醤油のつけすぎなんじゃない?」は、ここを無視している。無視しているばかりか、醤油のかけすぎはよくないと断じ、その価値観を押しつけている。

言われた側は、「俺が醤油をどれだけつけようが俺の勝手で、注意される筋合いのものではない」、あるいは「塩分控えめは本当にいいことなのか。上品で健康にいいかもしれないが、食った気にならない。食った気にならなきゃ、仕事をする気にもならない」と激しく反発する。相手をお上品な貴族様のように見なし、「どうせ、俺は繊細な味のわからない下品な奴だよ」とふてくされることになる。

「醤油のかけすぎなんじゃない」よりもっと尊大に受け取られるのは、「そんなに濃い味つけが好きなの？」だ。私自身、妻から「あなたのうちは、味つけが濃い」と言われては、ムッとしている。

それは、暗に「下品だ」と言われているようなものだからだ。**日本人全体として、濃い味付けを下品、薄味を上品と見なす傾向がある。濃い味を好む人も、このことをなんとなく知っている。だから、「そんなに濃い味つけが好きなの？」と言われると、下品と見下されているような気になる。**言った当人は、そこまで意識していなくても、言われた側はそうは受け取らないのだ。

そんなわけだから、知人が醤油やソースをかけすぎていても、いちいち注意はしないことだ。どうせ変えられないのだから、本人の自由にさせておいたほうがいい。

それでもなお健康を思って注意したいのなら、言い方に気をつけるべきだ。「私もやりがちだけど、塩分のとりすぎはよくないみたいだよ」とでも言えば、相手も見下された気はしない。「何様」と思われることはないだろう。

「私それダメ」

！話を勝手に奪い取るなんて、女王様にでもなったつもり？

同僚や知人と談笑しているとき、その人にとって興味のある話題がいつもつづくわけではない。ときには、苦手な話題に切り換わることだってある。こんなとき、「あっ、私、それダメ」と言ってしまう人がいる。

たとえば、江戸時代を扱った映画の話をしていたときだ。好きなスターが扮した役について語るのは楽しいが、江戸時代の歴史事情や歴代将軍の話になると、さっぱりついていけない。日本史そのものとなると、つい拒否してしまう。そこから、「あ、私、それダメ」となるのだ。

本人からすれば、悪気からではない。苦手な話がつづくと、耐えられないから、話を変えてほしいと訴えたまでだろう。ごく軽い気持ちで言ったつもりなのだろうが、周囲は「いったい何様」「どこの王様？」「この女王様体質が！」などと苦々しく思う。

「あ、私、それダメ」は若い女性がよく口にする。若い男性でも「俺、それダメだから」

と言うことがある。「あ、私、それダメ」が「何様言葉」になってしまうのは、自分がその場を仕切っているように感じさせる言葉だからだ。**周囲には、自分の興味あることばかり話すよう強制し、自分の興味のないことは話題にするなと命じているようなものだ。**

周囲の人間が何に興味があるか、人によってさまざまだ。ファッションにはまったく興味はないが、部屋のコーディネイトに凝っている人もいれば、何歳になってもアニメにハマっている人もいる。釣りに興味のある人もいれば、俳句好きもいる。人の興味はさまざまであり、会話はさまざまな趣味、関心を認め合うところからはじまる。相手の趣味に関心を持ち、話を聞こうとするから、話は盛り上がり、会話は楽しくなるのだが、「あ、私、それダメ」という言葉は、他人の趣味を拒否してしまっている。

これでは、その話をはじめた人物は拒否されたも同然だ。当人はこの話題が好きで、聞いて欲しいからしゃべろうとしたのに、はなから相手にされない。そこから先は、「あ、私、それダメ」と言った人物が、話の主役の座を奪い取ってしまう。話を奪われた人物は、まるで相手の気持ちを考えない王様、女王様のやることと憤慨する。

「あ、私、それダメ」と言う人は、他人の趣味をゴキブリ扱いしているようなものだ。ゴキブリの話になると、さすがに気持ち悪くて、長々と聞く気になれない。「あ、私、それダメ」という気持ちもわからないではない。その延長で、ふつうの話であっても「あ、私、それダメ」と言うのは、人の話をゴキブリ・レベルに見なしているということなのだ。これは、傲慢極まりない。

「あ、私、それダメ」は、ときたまオフィスでも使われ、会話をぶち壊している。たとえば、出版社の企画会議で、クラシック音楽の入門書を誰かが提案したときだ。若い社員が、「え、私、それダメ」と言ってしまう。

営業の視点で、売れないから「それはダメ」と言うのなら、まだ話はわかる。そうではなく、自分の感性、好みで「私、それダメ」と言うのだ。こうなると、ビジネスマン失格であり、他人の話をしっかり聞くところから再勉強しなければならない。オフィスで言うとなると、「何様言葉」というより、バカな人の言葉になってしまう。

苦手な話が出てきた場合、条件反射のように「え、私、それダメ」と言う前に、まずは我慢することだ。他人の話は最後まで聞く。これは、社会人の基本だ。基本に立ち返って、話を聞いてみれば、いろいろな発見や反論も出てくるだろう。それだけ知的な経験値が増えてくることになるから、人の話ははなから否定せず、聞く耳を持ちたい。

第6章

使うとエラそうに見える「ナニ様?・」な日本語

「常識でしょ」

！お前の狭い視野で広い世界を語ってほしくない

「常識でしょ」という言葉を、多くの人がつい口にしてしまう。携帯電話を使えない人の話を聞くと、「いまどき、ケータイ使えるのは常識でしょ」と言ってしまう。初めてホテルをインターネットで予約したら思ったより安かったという話を聞いて、「ホテルはネットで取ったほうが安いなんて、常識でしょ」と口にする。

当人は何気なくしゃべっただけだろうが、これは「何様言葉」にしかならない。なぜなら「常識」というのは、本来、線引きとなるものが存在しがたいからだ。それを無視して「常識でしょ」と言ったのでは、「自分の常識が世界の常識」と言っているようなものだ。しかも、その「常識」を知らない人を「非常識」呼ばわりしていることになってしまう。

たしかに、ビジネスでは「常識」が必要だ。学校生活でも、「常識」が求められる。それは一つのコミュニティがうまくいくよう、自然な流れで認められていったものであり、一つのコミュニティ内には常識は必ず存在する。

けれども、社会全体で何が常識かは、わからなくなる。世の中にはいろいろな価値観が存在するからだ。地域によって価値観が違うし、世代によっても違う。ある一定の世代には常識であっても、他の世代には常識ではなくなる。携帯電話を使えるのは、若者から中高年までなら常識でも、八〇代となると、そうも言えなくなる。

私自身、妻や娘から「知っていて常識でしょ」と言われることがたびたびある。「知っていて常識」は、テレビ番組や歌手やアイドルなどのタレントの名であることが多いのだが、私の仕事仲間にはその「常識」を知らない人のほうが多いくらいだ。つまり、「知っていて常識でしょ」というのは、テレビを日常的に見ている一部の層にとっての常識でしかない。それを一般に当てはめて言っているのだから、自己中心的と思われてもしかたない。

ここまでくれば「知っていて常識でしょ」は、恥ずかしい言葉にもなる。テレビを見ない人は、知らない。広い世界では、彼らを知らないことは恥でも何でもない。むしろ、広い世界ではどうでもいいことを「常識」であると語るところに、世界を知らないことが表れている。

下手に「知っていて常識でしょ」を言うと、自己チューととられると同時に、世間の狭い人とも受け取られてしまうのだ。

「残念な店」

！評論家きどりな物言いが鼻につく

近年、「残念な○○」という言葉が流行っている。「残念な店だったね」「彼は、残念な人なのよね」などと、つい口にしてしまった人はいるだろう。あるいは、自分のブログに「残念なレストラン」「あの会社の営業は、残念なレベルにしか達していない」などと書き込む人もいるだろう。

「残念な」は、マスコミでもよく使われている。マスコミでもよく使われているから、OKと思ってのことだろう。ブログの場合、こう書いたほうが格好いいような気がしているかもしれないが、じつは「残念な」は「何様言葉」に受け取られがちだ。

「残念」は惜しいという意味で長く使われてきたが、「残念な人」「残念な男」「残念な店」……というように、べつの意味でも使われはじめた。「もったいない」「ここさえできれば、もっと上に行けるのに」、そこからさらに幅が広がって、「いま一つの」「凡庸な」という意味でも使われはじめた。

その「残念」が「**何様言葉」に受け取られてしまうのは、主観を言うべきところで、客観的な言い方をしてしまっているからだ。**「残念な店」と言っている人は、その店をよくは思わなかったり、店員の態度が悪いと思ったりしたから、そう言ったのだろう。「よくは思わない」「店員の態度がなっていない」は、あくまで自分の主観レベルだ。そう思ったなら、「あの店は、よくは思わない」「店員の態度に問題があるのではないか」とでも言えばいいのに、「残念」と客観的な言葉を使ってしまっている。

主観を言うのに、客観性を持たせてしまうということは、自分の主観をさも皆の意見のように言っているということだ。「皆の考え」を勝手につくりあげ、これを権威にして語っているようなものだ。皆を味方にして、高みから批評しているような態度は、高慢に見える。そこから、「何様」と思われてしまうのだ。

「残念な」という言葉は、**批評家的な言葉でもある。それを一般人が使うのは、ますますエラそうになる。**その道を極めたのでなければ、あくまでも自分の主観的な意見として他者に語ることを心がけるほうが、不興を買うことが少ないだろう。

「草葉の陰で泣いている」

！他人の権威を笠に着ているだけじゃないか

ブログを読んでいると、ときどき登場する言葉に「草葉《くさば》の陰で泣いている」というものがある。「日本がこんな体たらくでは、司馬遼太郎が草葉の陰で泣いているだろう」「田中角栄が草葉の陰で泣いてはいないか」などと書いている。

これは、新聞や雑誌の影響でもあろう。大きな事件が起きたあと、その対応ができないとき、「○○が草葉の陰で泣いている」「△△が泉下《せんか》で泣いている」とよく書いている。自民党が下野すれば「吉田茂が草葉の陰で泣いている」、パナソニックの業績が悪化すれば、「松下幸之助が草葉の陰で泣いている」といった調子だ。

マスコミが書いているから、自分も真似してみようと思ってのことだろうが、「○○が草葉の陰で泣いている」は、「何様言葉」になりやすい。それは、**他人の権威を借りて、現状を非難しようとしているからだ。**

「○○が草葉の陰で泣いている」の「○○」に当たる人物は、相当な大物だ。ブログで書いている当人は何の面識もないし、実際にどんな人物だったか研究したこともないだろう。とにかく大物であるということで、彼の権威を拝借して、エラそうに書いているケースがほとんどだ。

「○○が草葉の陰で泣いている」ほどの事件や問題は、一人の力で解決できるものではない。それも一朝一夕に片づけられるものではなく、当事者たちが相当に踏ん張ってはじめてなんとかなるものだ。そんな現実を無視して、大物の権威を借りながら、非難、批判をしている。そこが鼻持ちならないのだ。そもそも、「○○が草葉の陰で泣いている」と書いている新聞記事そのものが、鼻持ちならないケースが多い。

「草葉の陰で泣いている」は、会話の中でも使われる。その場合、「そんなことをやっていては、亡くなった君のお父さんが草葉の陰で泣いているよ」「君のお祖父《じい》さんが草葉の陰で泣いているぞ」となる。

これも、反発を招くだけの「何様言葉」だ。言った側は心配して言ったつもりかもしれないが、父や祖父と比べて、劣っていると言っているようなものだ。言われた側は、「お前に何がわかる」と反発するだけだ。言葉に重みをつけたくて「草葉の陰」を使いたくなることもあるだろうが、避けたい言葉だ。

「いま言ったこと、復唱してみて」

！私をそこまで無能と言いたいの？

ネット・ショッピングが発達したいまも、電話での買い物を好む人は少なくない。旬の生鮮品を買う場合、ネットよりも電話のほうが対応が早いし、電話のほうが気が楽だという人もいる。電話で商品を注文したのち、自分の住所を告げる。「ありがとうございました」と言われて終わりとなるが、とある商店に勤める知人によると、ここで「いまの復唱してみて」と言う人がいるという。

本人は、たんに確認の意味で言っただけかもしれない。電話番号や住所を告げたとき、多くの場合相手は確認する。また、高級店ではたいてい「ただいま承りました商品を確認いたしますと……」と復唱してくれる。これに慣れていると、復唱してくれない商店に対して大丈夫なのかという不安ももたげてくる。そこで「いまの、復唱してみて」と言ってしまうのだが、相手には「何様」と思われる。

「いまの復唱してみて」がエラそうなのは、相手を無能視しているからだ。相手に国語力がなく、聞き間違いがあるのではないか、間違った漢字を平気で書いているのではないか。そう思って、相手に復唱を要求している。そこには、その店員には学力がないだろうという見下しもある。店員は相手のそうした高慢な意識を読み取り、ムッとすることになる。

もちろん、店員の学力が不足しているというのは、一方的な決めつけであり、無理解も甚だしい。店員も、十分な教育を受けてきている。店員のほうが客よりも、学識、知力があるというケースも多い。にもかかわらず、店員を馬鹿扱いしているから、「何様」でしかないのだ。

また、「いまの復唱してみて」と言うお客の中には、注文商品や住所を早口で言う人が少なくないという。メモするスピードにはおのずと限界があるのに、それをまったく配慮していない。そんなお客が「いまの、復唱してみて」と言ったのでは、自己中心的すぎる。店員は「もっとゆっくりしゃべれば問題ないだろう」と反発する。

たしかに、不安になって「いまの、復唱してみて」と言いたくなるシーンはあるだろう。ここでは、まずは下手に出ることだ。「念のため、復唱してみてください」「間違っていたら、お互いがあとで面倒な思いをすることになりますから、復唱をお願いします」とでも言えばいい。

「戦犯」

❗裁判官になったつもり？

マスコミでは、よく「戦犯」という言葉を使う。とくに、スポーツ報道の世界で多い。「日本柔道を凋落《ちょうらく》させたA級戦犯は○○だ」「今シーズン低迷の戦犯は投手コーチ陣だ」などと書き立てる。

マスコミの影響もあってか、普通の人もよく使う。居酒屋で贔屓のチームの低迷を嘆くとき、あるいはブログに憤慨を書き込みたいとき、「戦犯」という言葉はよく使われる。家族みんなでベイスターズ・ファンであり、なおかつ息子が歴史マニアである我が家では、「ベイスターズ低迷のA級戦犯は○○だ」という言葉がときとして飛び交う。

同じような意識を持っている家族や仲間で「戦犯」をうんぬんすること自体は決して悪くはない。それはそれで盛り上がる話題だろう。だが、そこに意識の異なる人間が混じっていると、「戦犯」という言葉は不快をもたらすことがある。「そう言うお前は何様だ」と思う人も少なくないだろう。

ご存じのように、「戦犯」という言葉は歴史用語だ。日本が第二次世界大戦に敗れたのち、東京裁判をはじめ各地で裁判が行われ、「戦争犯罪人」が訴追された。日本人にはその記憶が長く残り、歴史用語である「戦犯」を、失敗、低迷の原因をつくった奴という意味で使うようになった。

歴史用語から離れた「戦犯」が「何様言葉」になりやすいのは、そこに遊び感覚が交じっているからだ。大きな問題意識から言っているのではなく、人をひきつけるためのキャッチフレーズで使っている。人をひきつけたい気持ちには、おふざけ気分がはいりやすく、遊び半分で他人をけなしているようなものだ。人を遊び半分でけなす姿は、エラそうに映りやすい。

また、**「戦犯」という言葉には、当事者意識がゼロだ。まるで裁判官になったようなつもりで、一段高いところから、人を裁定している。他人を正当に評価できる立場でもなければ、能力もないのに人を裁定しているのだから、「エラそうな奴」と思われてしまうのだ。**「戦犯」という言葉を、有名人相手に使っているかぎりでは、たしかに「何様」であっても、まだ許せる部分がある。まったく顔を合わせる可能性のない人間を対象に、使っているからだ。

ところが、社内で安易に使うと、いっそう陰湿になって、許容しにくいものになる。ふだん顔を合わせている人物を「戦犯」扱いすれば、ナマナマしくなってしまうのだ。とくに下の者が幹部クラスを「A課長が、今回のプロジェクト失敗の最大の戦犯だ」とコソコソ言うと、陰湿かつ傲慢なイメージとなる。

本当に自分がそのプロジェクトにまったく関わっていなかったのならともかく、少しでも関わっていたら、人ごとのように他人を戦犯呼ばわりしている場合ではない。しかも、それを判断しているのが、現実的な様々な事情も知らず、指示を受けて動いていただけの一兵卒の立場であれば、そのようなことをいう資格はない。

人を陰で批判すること自体が問題であり、そのうえ「戦犯」という言葉を使ったのでは、「何様」感がいっそう強くなる。

また、遊び感覚での「戦犯」であっても、あまり使わないほうがいい。使っているうちに、歯止めがきかなくなり、エラそう感がいよいよ高まる。周囲に不快に思っている人がいるのではないかというちょっとした心遣いをもつべきだろう。

「〇〇世代はダメだ」

！世代で人の優劣が決まると思っているの？

週刊誌や新聞などマスコミでよく登場する言葉の一つに、「ゆとり世代」がある。いわゆるゆとり教育を受けてきた世代で、彼らの学力や常識力に問題があるといった記事が、おもしろおかしく書かれている。

これをそのまま受け取って、若者批判している人はいないだろうか。「これだから、ゆとり世代はダメなんだ」「あの人は、ゆとり世代だから……」などとブログに書くケースは少なくない。オフィスでも、部下の失敗を見て「これだから、ゆとり世代は……」と、ことさら大仰に嘆いてみせる人もいる。

言っている当人らは、マスコミの記事をそのまま信じて、そう言っただけのことだろう。若者のことを多少は知っているように思われたくて、言っているのかもしれないが、言われた側は反発する。

「ゆとり世代」と言われて不愉快になるのは、一つには決めつけがあるからだ。一つの世代には、同じような人間ばかりではない。**さまざまなタイプの人間がいるのに、「ゆとり世代」とひとくくりにしてしまう。それは乱暴な決めつけであり、知的とは言えない。知的でない人物に批判されているのだから、たとえ上司であれ、「何様」と思ってしまうのだ。**

また、「ゆとり世代」には劣ったイメージがある。それはマスコミの責任でもあるが、ゆるくて劣っている集団の一員と言っているようなものだ。「劣っている」と決めつけられた側は、おもしろかろうはずがない。「ならば、あなたはそんなに優秀なのか」と反発することになる。

「ゆとり世代」と皮肉られた若者が、ひそかに反発して叩く陰口が、「課長はバブル世代だから……」だ。「バブル世代」は、バブル経済のなか、応募しただけで採用されたような人たちを皮肉った言葉だ。そこには、実力もないくせに、会社でヌクヌクしてという反発があるが、これまた一方的な決めつけでしかない。

「ゆとり世代」「バブル世代」にかぎらず、「○○世代」とひとくくりにするのは、人を色眼鏡で見ていることになる。色眼鏡で見られたほうは、かならず不愉快になるのだ。

かつては、「疎開世代」という言葉もあった。第二次世界大戦の末期、日本の都市がアメリカ軍の空襲にさらされるようになると、児童らは比較的安全な田舎《いなか》に疎開させられた。

彼らを「疎開世代」と言うのだが、私をはじめ歳下の者からすれば、尊敬すべき世代といえた。

彼らは戦場こそ体験していないが、戦争をリアルタイムで体感している。戦時下の貧しさも知っている。戦争というものを多少なりともリアルに知っているということで、尊敬の対象だった。

だが、彼らより歳上の者からすれば、まったく逆だ。戦中に青年期を迎えた者たちからすれば、「疎開世代」は田舎に逃げて、ヌクヌクしていただけの存在だ。戦場も知らなければ、都市での被災体験もない。歳上の者からすれば、「疎開世代」は侮蔑語でしかなかった。

このように**「○○世代」という言葉を使うと、どこかで感情的な対立が起きる。**言ってみたい誘惑にかられても、ここは冷静になって自重するべきだろう。

また、言われた側は、切り返していい。「ゆとり世代の中にも、早くにビジネスで成功した人はいますよ」と、決めつけを否定するのも一法だ。あるいは、「どうせ、私はゆとり世代ですから」と開き直ってもいい。

青春新書
INTELLIGENCE

こころ涌き立つ「知」の冒険

いまを生きる

"青春新書"は昭和三一年に——若い日に常にあなたの心の友として、その糧となり実になる多様な知恵が、生きる指標として勇気と力になり、すぐに役立つ——をモットーに創刊された。

そして昭和三八年、新しい時代の気運の中で、新書"プレイブックス"にその役目のバトンを渡した。「人生を自由自在に活動《プレイ》する」のキャッチコピーのもと——すべてのうっ積を吹きとばし、自由闊達な活動力を培養し、勇気と自信を生み出す最も楽しいシリーズ——となった。

いまや、私たちはバブル経済崩壊後の混沌とした価値観のただ中にいる。その価値観は常に未曾有の変貌を見せ、社会は少子高齢化し、地球規模の環境問題等は解決の兆しを見せない。私たちはあらゆる不安と懐疑に対峙している。

本シリーズ"青春新書インテリジェンス"はまさに、この時代の欲求によってプレイブックスから分化・刊行された。それは即ち、「心の中に自らの青春の輝きを失わない旺盛な知力、活力への欲求」に他ならない。応えるべきキャッチコピーは「こころ涌き立つ"知"の冒険」である。

予測のつかない時代にあって、一人ひとりの足元を照らし出すシリーズでありたいと願う。青春出版社は本年創業五〇周年を迎えた。これはひとえに長年に亘る多くの読者の熱いご支持の賜物である。社員一同深く感謝し、より一層世の中に希望と勇気の明るい光を放つ書籍を出版すべく、鋭意志すものである。

平成一七年　　刊行者　小澤源太郎

著者紹介

樋口裕一〈ひぐち ゆういち〉

1951年大分県生まれ。早稲田大学第一文学部卒業後、立教大学大学院博士課程満期退学。受験小論文指導の第一人者として活躍。通信添削による作文、小論文専門塾「白藍塾」塾長。小学生から社会人まで幅広い層の文章指導に携わる。多摩大学経営情報学部教授。京都産業大学文化学部客員教授。著書に、250万部の大ベストセラーとなった『頭がいい人、悪い人の話し方』(PHP新書)、『ホンモノの文章力』(集英社新書)、『バカに見える日本語』(小社刊)など多数ある。

「ナニ様《さま》?」な日本語《にほんご》　　青春新書 INTELLIGENCE

2013年1月15日　第1刷

著者　樋《ひ》口《ぐち》裕《ゆう》一《いち》

発行者　小澤源太郎

責任編集　株式会社プライム涌光

電話　編集部　03(3203)2850

発行所　東京都新宿区若松町12番1号 〒162-0056　株式会社青春出版社

電話　営業部　03(3207)1916　振替番号　00190-7-98602

印刷・中央精版印刷　製本・ナショナル製本

ISBN978-4-413-04385-4

青春出版社刊

樋口裕一 著　好評既刊

バカに見える日本語

☑「みんな言ってます」
☑「ご存じないんですか?」
☑「そういえば私もこの前～」
☑「行けたら、行きます」
☑「そこを何とか」

何気ないひと言から、知性が疑われます

ISBN978-4-413--04354-0　838円

1分で話をまとめる技術

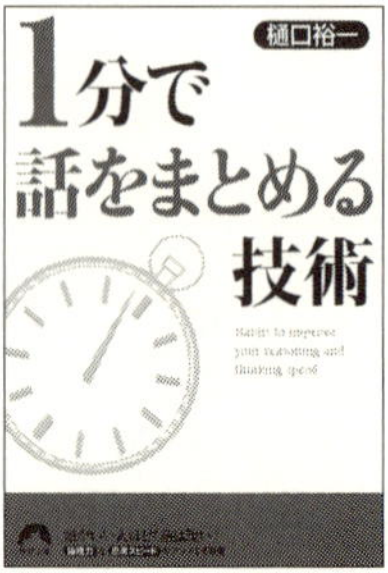

頭がいい人ほど「話は短い」
論理力と思考スピードがアップする習慣

ISBN978-4-413-09464-1　667円

お願い　ページわりの関係からここでは一部の既刊本しか掲載してありません。折り込みの出版案内もご参考にご覧ください。

※上記は本体価格です。（消費税が別途加算されます）
※書名コード（ISBN）は、書店へのご注文にご利用ください。書店にない場合、電話または Fax（書名・冊数・氏名・住所・電話番号を明記）でもご注文いただけます（代金引替宅急便）。商品到着時に定価＋手数料をお支払いください。
〔直販係　電話03-3203-5121　Fax03-3207-0982〕
※青春出版社のホームページでも、オンラインで書籍をお買い求めいただけます。ぜひご利用ください。〔http://www.seishun.co.jp/〕